Tine Braun

VERTRAUE

Botschaften aus der Nacht

VERTRAUE Botschaften aus der Nacht
Tine Braun

Verlag: BoD · Books on Demand GmbH, Überseering 33, 22297 Hamburg,
bod@bod.de
Druck: Libri Plureos GmbH, Friedensallee 273, 22763 Hamburg

ISBN: 978-3-7693-6731-7

Bibliografische Information der Deutschen Nationalbibliothek: Die Deutsche
Nationalbibliothek verzeichnet diese Publikation in der Deutschen
Nationalbibliografie; detaillierte bibliografische Daten sind im Internet über
dnb.dnb.de abrufbar

20. Dezember, 02:00 Uhr

Es gibt
SIE
die unendliche schöpferische Kraft
universell unpersönlich unbegreiflich für
den kleinen unwirschen menschlichen Verstand

Die Kraft die in allem lebt
weiterlebt
ewig lebt

Der Verstand ist ein Lernmittel

Sei achtsam
LERNE
Die Verbindung ist Bewusstsein

Alles was war kann nicht ungeschehen gemacht werden
Lerne in Frieden hinzuschauen

Lerne deine Gefühle zu achten

Gefühle sind Energie
schöpferische lebendige Energie aber
immer auch destruktive

Alle sind gleich wertvoll und wandelbar
Jedes für sich ist ein Lerninstrument

In diesem Leben existiert immer nur
JETZT
Der erste Schritt besteht darin
die Essenz des JETZT bewusst anzunehmen

Ordne
Korrigiere
Fühle
Heile
Nimm an oder gib ab
Frage dich wohin DEINE Gefühle gehören

WISSE
Jeder Mensch hat ein Recht darauf er selbst zu sein
Jeder hat ein Recht darauf gut oder schlecht zu sein
Jeder wählt.

22. Dezember, 04:00 Uhr

DU kommst nur weiter wenn DU DICH bewegst
DU kannst nur lieben wenn DU DICH zeigst

Großes geschieht und DU wirst es erleben

Werde ruhig
bleibe ruhig
lehre Ruhe

Nichts was du siehst geschieht so wie du es siehst

Jeder lebt überaus oberflächlich
Das ändert sich

Altes vergeht zerbricht
Einiges ist gut und bleibt
Vieles wird nicht mehr gebraucht

Schau dich um
Öffne Deine Türen
Nutze die Zeit

Es gibt die Zeit nicht
nur in DEINER Welt
Sie wurde DIR gegeben damit DU sie nutzt

Reibe DICH nicht mit Oberflächlichkeiten auf

Werde ruhig

Nichts geschieht ohne Grund

Das Leben ist der Grund

Geschehe selbst als Grund

Sei DU der Grund DEINES Lebens

Sei das WARUM

Sei das WIE

Hab keine Angst

Hab nie wieder Angst

Die Zeit der Angst ist vorbei.

23. Dezember, 05:00 Uhr

Schau in Klarheit wohin DU gehst
Hör genau hin um zu erkennen
wer DIR sagt
was du tun sollst und was nicht
Achte auf DEINE Worte bevor DU sie benutzt

Nimm wahr
wann DEIN Tag beginnt und wann er endet

Steh still
Schau hin
Hör hin
Eine Welt, die augenscheinlich stillsteht bleibt immer auf ihrer
Umlaufbahn

Veränderung geschieht auch dann wenn alles stillzustehen scheint
Deine Zellen werden gestoppt
eingebunden in Stillstand
und doch geschieht Veränderung

Es gibt nur ein Miteinander
Niemand wird im Lauf allen Lebens zurückgelassen

Du bist eine Läuferin
Schau dich um
erkenne die Läufer auf dem Weg

9

erkenne die schützenden Türme

lausche DEINER inneren Königin

gib DEINEM inneren König Raum

setze DICH zu den Bauern aufs Feld

Die Richtung ist gegeben

SCHRITT FÜR SCHRITT

DEINE Königin wird lebendig

zügele die Pferde

sie tricksen und schlagen Haken

Das Spiel der Könige – Das Spiel des Lebens

Schau von oben

Handle von unten

Du bist nicht allein

So wie DU auf dein Schachbrett schaust so schaue ICH auf DICH.

24. Dezember

Nacht zu Heiligabend, Mitternacht

Tobend dreht der Regen seine Bahnen
bricht mit der Hitze der Sonne die Erde auf
Der Frieden scheint unterbrochen
zwischen DIR und MIR
zwischen der Welt und seinen Hütern

Du bist es die sich aufstellten wird
Aber Du bist nicht
allein
Noch kniest DU im Staub
den Kopf gesenkt und im peitschenden Wind gnadenlos zerrissen
noch erkennst DU
nicht
Jammere nicht
Steh auf
Hebe deinen Kopf und nimm mich wahr

Ich warte auf dich
DU vergisst wer DU bist und
wer DU sein sollst
bleibt außen vor

Lege DICH nicht mit der Unendlichkeit des großen Ganzen an
Bestehe nicht auf DEINER Dummheit
Schau auf MICH und habe Mut zu erkennen

Richte dich auf und korrigiere DEIN SEIN

Ich bin mehr als du jemals begreifen kannst.

25. Dezember, 02:30 Uhr

Nicht ICH bin es die straft

Jeder der nicht übereinstimmt
leidet
Zu jeder Zeit holt sich die Kraft
das SEIN vom Schein
Alles, was dem zuwiderläuft
leidet

EUER Leben besteht aus Geschichten

JETZT werden die Geschichten neu geschrieben
Sie werden geschrieben obwohl sie
längst geschrieben sind

VERTRAUE
DU musst nicht verstehen

Im Übermaß der Zeit droht Verdruss

Wer hinhört hört den Klang der Wahrheit
Niemand wird allein gelassen
Aber jeder wählt zu sehen oder nicht zu sehen

Du kannst nur wählen wenn du dich frei machst von Vergangenem

Solange die Vergangenheit DICH bindet
verhindert sie eine neue Wahl
Im JETZT existiert das Lebendige

ERKENNE

Wenn du sehen willst
verlass das Vergangene
verschwende keine Gedanken an das was war

Vergangenes war und darf sich
JETZT erneuern.

26. Dezember, 01:00Uhr

Wo immer DU bist
erlaube DIR zu sein

Stell keine Fragen die DICH verunsichern
Frage nie ob die Menschen DICH lieben werden so wie DU bist
Diese Frage und die Antwort darauf haben keinen Wert

ICH bin es die DICH liebt
immer
ewig
WIR sind eins
verbunden durch den Raum der ewigen heiligen Kraft

Auch wenn DU meinst da sei nichts
bist DU nur für einen Moment blind und taub
Für diesen einen Moment blind und taub in dem
die Kraft in DIR eine Pause macht
von der DU glaubst es sei eine

Dabei gibt es keine Pausen
nur in DEINEM Kopf
Stör und irritier DICH nicht selbst in DEINEM Fluss durch unselige
Fragen
Fragen die DEIN Verstand DIR stellt
der so sein will wie ICH
Jedoch wird er nie so sein denn er ist begrenzt

ICH dagegen bin alles andere als ein begrenzter Verstand

ICH BIN DAS
von dem DU glaubst dass DU es nur erträumst.

27. Dezember, 00:05 Uhr

DEIN Leben spielt sich in DEINEN Gedanken ab
DEINE Phantasie ist die Bühne
DEINE Illusionen sind DEIN Lebensinhalt
Wenig geschieht in der Welt
durch DICH

Für die Welt bist DU unsichtbar
DU selbst bist DIR fremd

Nicht aber für MICH

Die meisten DEINER Gedanken sind erworben
Sie sind nicht von DIR erschaffen
obwohl DU ein großer Schöpfer bist
DU denkst die Gedanken Anderer
Auf diese Weise wird DEIN Leben
zu einem Leben Anderer

Es ist deine Aufgabe
Hier und Jetzt
aus diesem Karussell auszusteigen

Werde still
Lausche beobachte und fühle
Lass DEINEN Klang und
DEINE Farben erwachen

Höre DEINEN Namen

Höre ihn immer und immer wieder bis

DU ihn fühlst

HIER BIST DU

HIER IST DEINE WELT

HIER SIND DEINE GEDANKEN

Lass DICH bewegen

Lass DICH führen

Lass DICH auf MICH und DICH ein damit

DEIN Leben sichtbar wird.

28. Dezember, 00:19 Uhr

Reich in seiner Vielfalt liegt das Leben dieser Welt
auf der Straße des Universums

Ein leuchtender kleiner unsagbar kluger Stern
der in seiner Macht und Größe
ein eigenes Universum ist

Jeder von EUCH hat seine Funktion auch wenn
sie scheinbar unauffindbar ist
Das heißt nichts

Niemand vermag seine Funktion zu leugnen auch
wenn es so scheint als ginge die Welt unter

Wohin soll sie gehen
Sie geht gemeinsam mit EUCH
Aber unter geht sie nicht
Sie geht ihren eigenen lebendigen Weg durch alle Zeiten
Zeiten die anders sind
als IHR zu denken vermögt

Vertraue DEINER Intuition
Auch wenn DU schläfst
ist sie wach

Vertraue DEINEM ureigenen Weg

19

Er ist wie eine Spirale der Klugheit die niemals endet
außer in deinem Kopf

Vertraue den Zeiten
Sie tragen dich
ob du schläfst oder wachst
und wenn du wach bist
spüre und nutze ihre Kraft.

29. Dezember, 01:25 Uhr

Immer wenn du an deine Grenzen kommst
beginnt das Wesentliche und öffnet sich
in alle Richtungen
Wobei es Richtungen und Grenzen nicht gibt
nur in deinem Kopf

Grenzen sind nicht Schwäche
nicht Stillstand oder Stoppstraßen

Grenzen sind immer Wendepunkte

Sie können dich befreien oder gefangen halten
Sie sind Sprungbretter oder Gefängnisse
DEINES Geistes

Du magst entscheiden
Entscheide klug

DU entscheidest DICH für
ein JA oder ein Nein
Letztendlich gehst DU immer weiter
auch wenn du aufgibst

Die Energie ist überall
DU nutzt sie oder
DU lässt sie verstreichen

Es gibt nur einen Zeitpunkt an dem DU
DEINE wahre menschliche Grenze erreichst
Auch dies ist ein Wendepunkt
Auch diese scheinbar endliche
Grenze DEINES Lebens
existiert nicht

EURE alten Begriffe über das SEIN
haben sich aufgebraucht
Erschaffe DU neue Begriffe

Nicht Grenze
nicht Wendepunkt
nicht Tod
Schau darüber hinaus und
definiere SEINSZUSTÄNDE neu

Das Licht der Farben ändert sich an dem Punkt
an dem sich DEINE Geschichte ändert
und
DEINE Geschichte ändert sich
an dem Punkt an dem sich
DEINE Farben
ändern.

29. Dezember, ein zweites Mal, 23:58 Uhr

Seit Ewigkeiten ruht mein Blick auf DIR
DU bist nie weit von mir entfernt
ICH halte DICH an der Hand
Ich lasse niemals los

DU jedoch zweifelst

Es ist kein Wunder nach allem
was in der Welt geschieht
Vieles fühlt sich für DICH unwirklich an
weil DU vergessen hast wer DU bist

DEINE Zeit verrinnt rasch aber
DEINE Sicht bleibt nicht mehr lange
begrenzt
Also zweifle und verzweifle nicht

DU vergeudest Zeit mit Denken das
vom ewigen Licht beschienen ist wenn DEINE Augen es zulassen

Geh weiter
geh stetig mit ruhigem Schritt
ICH bin an DEINER Seite

Dies ist ein Anfang
Weise das Leben nicht von DIR

ersticke es nicht in Trübsal und Dunkelheit
Dazu bist DU nicht hier

DU musst nicht verstehen
DU musst noch nicht einmal versuchen
zu verstehen
Meine Worte werden DICH erreichen und
DU wirst erkennen was DU erkennen darfst
ohne zu verstehen
Sei bereit und vertraue.

31.Dezember, 00:35 Uhr

Sieh DIR die Menschen an
Schau ihnen in die Augen
Erkenne was sich DAHINTER verbirgt

DAHINTER
verbergen sich ihre Geschichten
die wahren Gedanken
die Fragen und Antworten

Geh in die Natur und schau DICH um
Dort siehst DU die wahren Geschichten
die einfache Wahrheit
Nichts von dem das DU vordergründig siehst
ist wahr

Nimm DIR Zeit
Schau genau hin
Höre zu

Behalte DEINE Worte am Anfang für DICH
Höre hinter die Worte bis du erkennst
Es gibt Welten DAHINTER
obwohl es kein DAHINTER gibt
Die Oberfläche des Sees ist nur die Oberfläche
Der wirkliche wahre See liegt darunter
Zusammen bilden sie den ewigen See

25

Höre DIR selber genau zu

Ich spreche durch DICH
wenn es DIR gelingt
still zu sein
Ich zeige mich DIR
wenn es DIR gelingt
DEINEN Blick still zu halten

Überall siehst DU MICH
hörst DU MICH
erkennst DU MICH
wenn DU stehen bleibst
wenn DU MICH wirklich erkennen willst

DEINE Zeit gehört jetzt DIR und MIR
Es wird gut
es wird wahrlich gut

VERTRAUE
und denke nicht darüber nach.

02. Januar, 00:20 Uhr

Rede nicht über Scheinbares
Schreibe nicht über das
was dich nicht berührt
Frage keine Fragen deren Antworten
DU längst kennst

Beobachte
lausche
vertraue

Jeder Tag ist ein anderer
Jeder Tag will gelebt werden

An jedem Tag suchen Menschen ihren Platz in der Welt

Sei unbesorgt
DEIN Platz zeigt sich bereits

Es gibt Besonderheiten die DU erkennen
und die DU mitteilen wirst

Es geht um Not-Wendigkeiten
Vergessenes und Unberührtes
Es geht um Wachheit und Klarheit

Die Farben werden heller

27

die Töne werden deutlicher

Niemand ist ausgenommen
aber Einigen geschieht Wachheit
damit sie berichten

Es ist an der Zeit.
Es ist so sehr an der Zeit wie niemals zuvor
DU glaubst meinen Worten noch nicht
aber für das was DIR begegnen wird
ist das nicht wichtig

Sei auf der Hut
Öffne DEINEN Blick
Lege DEINE Worte fest und
berichte sobald du gerufen wirst.

03. Januar, 00:10 Uhr

Sterne werden leuchten
die nicht für alle sichtbar sind

So wie DU meine Worte hörst
werden Sterne sichtbar werden
die das Licht bringen

Sie stehen nicht am Himmel
Sie leuchten unter euch
Ihr Erkennungswert ist
Freundlichkeit und abgrundtiefe Güte

Sie tragen meine Farben
DU weißt was ICH meine
obwohl DU noch nicht verstehst

Sie wenden sich an DICH und
nehmen DICH beim Wort

Es wird ein Umkehren beginnen
Langsam, grundsätzlich und
ohne großes Aufbegehren

Es wird ein Aufatmen geben das die Menschen wärmt

Sei klug und weise

Sie sind bereits auf dem Weg

Jemand zeigt ihnen den Weg und

den Platz des Beginns

DU kennst ihn aber

DU erinnerst DICH noch nicht

Staune aber wundere DICH nicht

So ist es vorgesehen

ICH schenke DIR jetzt die Vorfreude die DICH erfüllen und

DIR die Kraft geben wird

DEINE Aufgabe anzunehmen

Vorfreude ist DEIN erstes Geschenk.

04. Januar, 00:45 Uhr

Sei unbesorgt
Frieden kommt zu DIR und in die Welt
Der Friedensbringer ist der erste Stern
Niemand erkennt ihn heute
aber morgen

In DIR herrscht Sturm

Nicht mehr lange und
der Sturm legt sich und DEINE Augen öffnen sich
Nicht mehr lange

Gestern schien die Welt dunkel schwer
Nicht für alle
aber für die die es brauchten
Viele brauchen die Dunkelheit
Nicht alle vertragen das Licht
In der Dunkelheit entwickelt sich Leben
anders

Die Zeit der Dunkelheit reichte aus
um das zu verändern was notwendig war

Die Zeit DEINER Dunkelheit hat DICH geprägt
Nun ist es genug
Aber DU vertraust noch nicht

31

Ich schicke DIR Hilfe

Sei nicht überrascht

freue DICH

Die Hilfe die ich schicke ist schon bereit

Sie erwacht gerade aus ihrem Schlaf

Sie lächelt schon bei dem Gedanken an DICH

Eure Wege kreuzen sich und DU

wirst wissen und vertrauen

Viele sind auf dem Weg

Wind jagt die dunklen Schleier fort

Liebe den Wind

Er ist deine Natur

Der Wind ist deine Natur und das Feuer

Sei gegrüßt mein Kind und sei zuversichtlich.

05. Januar, 00:03 Uhr

Veränderung geschieht rasch und
ihr werdet Angst bekommen

Die Zeit der Angst ist jedoch vorbei
ICH sagte es DIR bereits

Sei ruhig
Beruhige die die zu Dir kommen

Halte deine Arme in den Himmel
Die Sonne wartet schon

Die Menschen brennen innerlich und schreien
Sie sehen die Richtung nicht
die von Schleiern verborgen werden
Aber die Schleier lösen sich auf und werden fallen

Nichts wird das aufhalten was endlich sein darf
Der Kreis wird enger

Es wird so sein weil es so gewollt ist
jahrhundertelang
Die Sonne wartet schon

Die Welt ruht sich aus und hält den Atem an
Für eine Weile dreht sie sich schneller

danach wird es ruhiger werden

Noch regieren Angst und Zweifel
Aber beide werden zu Schall und Rauch

In jedem Haus zerreißen Schleier
in manchen mehr in anderen weniger

Dahinter liegt das heilige Bild der einigenden Wahrheit
DU wirst ihren Atem spüren
Erwarte dies in Freude und Zuversicht.

06. Januar, 03:25 Uhr

Die Welt wird zur Ruhe kommen
Aber noch steckt sie in einem Sturm
Der Sturm dauert an
Nicht mehr lange
aber intensiv

Die Menschen verlieren sich in
Ihren Gedanken und
laute Worte verwirren EUREN Geist
Nichts ist so wichtig wie die Worte zu filtern

Wut und Angst legen falsche Fährten

Begib DICH unter die Menschen
suche die Ruhe und achte auf die wahren Worte

Die Wahrheit kommt leise
Das Wahre liegt dahinter
Hör genau hin und filtere

Viele falsche Stimmen sind unterwegs
obwohl das Wahre hinter all dem Falschen liegt
Das Falsche aber nie hinter dem Wahren

Hör mit DEINEM Herzen und
mit DEINEN inneren Ohren

DEIN Hören verändert
seine Töne und Farben

Sei achtsam und vertraue

Lass zu
dass Vertrauen sich groß und weit
in DIR ausbreitet.

07. Januar, 01:40 Uhr

Richte deinen Blick nicht zurück
Die Welt verändert sich
allumfassend

Altes wird auf den Kopf gestellt
Die Bedeutung der Farben wird aufgehoben

Neue Worte und neue Namen werden geboren

Das Leben wird heller und klarer
Neues entsteht aus den Erfahrungen der Alten Welt

Noch aber weht ein Sturm
Spiegel zerspringen und Glas wird zertreten

Dahinter erhebt sich die NEUE WELT

Lieder werden gesungen werden
deren Worte noch niemand kennt

DEINE Haut wird sich schälen und neu erstrahlen
Wie bei den Schlangen werdet IHR
EURE alte Haut abstreifen

Das geht nicht ohne Schmerzen ab
Das meiste ist jedoch geschafft

37

DU darfst getrost sein und
in Gelassenheit auf die Sonne warten
Wir fiebern alle dem Öffnen neuer Türen entgegen

IHR seid nicht allein

Wir sind alle an einer Weggabelung angekommen
die keine ist

Der Weg ist vorgegeben und
niemand bleibt zurück.

08. Januar, 00:40 Uhr

Die Wut ist groß und ebenso das Geschrei
Die Menschen schreien und hören meine Stimme nicht
Nur wenige lauschen
Nur wenige warten
Sie fühlen den Wandel

Es wird eine Zeit kommen da wirst DU nicht mehr schweigen

Aber schreien wirst DU niemals
Sie werden DICH auch flüsternd hören

DEINE leise Stimme wird vernommen werden

Immer noch glauben die Menschen an Verlust von Macht und
Wohlbefinden
Sie glauben es immer noch
Durch ihren Glauben halten sie
den Verlust am Leben

Ihre Gedanken reihen sich ineinander und
brechen sich Bahn in ihrer Wut

Sie sehen nicht die Wirklichkeit
Sie sehen das was andere ihnen zeigen

Aber das ist nicht Freiheit

Das ist Gefängnis

Ihr leitet auf diese Weise selbst euer Unglücklichsein ein
Ihr lebt und zehrt von Unheil und Leid

Einige unter EUCH sind wie Gesandte der Dunkelheit
Sie suchen Zwist und Zerstörung

Sie werden vergehen aber noch
klammern sie sich an ihren Irrsinn

Die Luft für sie wird dünner

Hab keine Furcht
Ihre Macht bröckelt
Ihre Stimmen werden schwächer.

DEINE Stimme dagegen wird stärker werden

DU bist nicht allein
Viele sind mit DIR auf dem Weg

Trennung wird zu Gemeinsam-SEIN
endlich

Blätter werden fallen
aber die Knospen der neuen Früchte
strecken schon ihre Köpfe heraus.

09. Januar, 00:25 Uhr

Die Welt ist viel mehr
so viel mehr

Noch siehst DU nur
wie du entscheidest zu sehen und
wie du es kennst

Wenn IHR bereit seid neu zu sehen
werdet IHR erkennen
dass die Welt eine andere ist

Euer Blick ist schwer unbeweglich und trübe
So wird es nicht bleiben

Hilfe ist not-wendig
Ohne Hilfe werdet ihr den Wandel nicht schaffen

Es gibt Helfer unter euch die längst auf dem Weg sind

DU wirst sie erkennen ohne selbst beteiligt zu sein

DU wirst nicht als Helfer gebraucht
DEINE Aufgabe liegt in DEINEN Worten und in MEINEN

Zweifle nicht
Belächle nicht DEINEN Unglauben an DICH selbst

Wage DICH ins LEBEN hinaus

Auch wenn es dir schwerfällt und
es fällt dir schwer
Das wird vergehen

Du bist nicht für die Einsamkeit gemacht
Du bist ein Bote und Boten brauchen Zuhörer
Noch hast DU Angst

Noch denkst DU
ICH DEINE INNERE
DICH LEITENDE STIMME
sei ein Trugbild
Das ändert sich

VERTRAUE
Es wird DICH schmerzen
wenn die Wahrheit sich zeigt
Ein warmer heilvoller Schmerz
den zu erleben DU gedacht bist

Freue dich
Freue dich darauf und
erwarte ihn.

10. Januar, 00:10 Uhr

Der größte Wunsch der Menschen ist beständiges SEIN
aber sie blockieren sich selbst

Wie kann etwas beständig SEIN
das auseinandergerissen wird

Solange Gier regiert gibt es kein beständiges SEIN

Beständiges SEIN ist das Gegenteil von
Mehr-SEIN-Wollen

Vergleichen durch Mangel bringt
DICH aus der Balance

Dabei ist für jeden ALLES da

Seid IHR EUCH selbst nicht genug
werdet IHR nie genug haben

Ein Dach ist für euch nicht genug
IHR wollt den Himmel

Habt ihr den Himmel
sehnt ihr euch nach der Hölle
und begreift nicht
dass sowohl das eine als auch das andere

43

eine Illusion ist

Auch die Vergangenheit ist eine Illusion und
es hat keine Bedeutung wie sie sich zeigt

Die Vergangenheit löst sich gerade auf
Sie wird nicht mehr gebraucht

Die Vergangenheit war nur ein Sprungbrett
das IHR jetzt nicht mehr benötigt
denn die Hürde ist so gut wie genommen

Bald wird sich der erste Stern zeigen

Er wird DICH streifen und berühren
und DU wirst DICH in Bewegung setzen.

11. Januar, 00:40 Uhr

Es herrscht eine große Mattigkeit
Zuviel macht satt und träge

Auch zu viel Angst macht satt und
hindert den Geist zu denken

Chaos wird in EURE Köpfe gepflanzt obwohl
dafür keine Notwendigkeit besteht

Die Stimmen des Chaos sind künstlich gemacht und gekauft

Die Lügen werden noch mehr werden
doch sie werden nicht fruchten weil die Menschen
des Geschreies und Geredes müde und satt sind

Nach einem Höhepunkt der Verwirrung kehrt Ruhe ein und
Stillstand scheint sich anzubahnen

Aber das ist es keineswegs

Es gibt niemals Stillstand
Es gibt immer nur Ruhezeiten
um sich neu aufzustellen

Es gibt kein gutes Haben wenn etwas genommen wird
Haben bedeutet nicht immer Fülle

Es kann auch unüberwindbare Leere sein

Satt- SEIN durch Übermaß ist
ein Leben ohne Fülle

Fülle ist überall grenzenlos und
vergrößert sich durch SEIN
Maßlosigkeit und Satt- SEIN ist begrenzt und
begrenzt alles SEIN

Die NEUE ZEIT erkennt den Unterschied
und öffnet eine neue Stufe des SEINS
in Fülle.

12. Januar, 00:10 Uhr

Um zu erkennen braucht es mehr
und weniger

DEINE Sicht wird sich erweitern
und verengen
vom kleinen Einzelnen
zum großen Ganzen

Im Heiligen Moment der Gleichheit erkennst DU
Dann ist nichts mehr so wie es war

DU wirst Hilfe bekommen
so wie alle Menschen
so wie die Welt Hilfe bekommt

Gnade heißt dass
EUER Geist
EURE Sinne
EUER Bewusstsein
sich anpassen werden

Noch hinkt IHR der Zeit hinterher
der Zeit wie IHR sie wahrnehmt
Dabei erinnert IHR EUCH nur

Leben verläuft in einer Spirale

Das Universum verläuft in einer Spirale
Auch wenn der Begriff Spirale etwas anderes bedeutet
als das was DU kennst
In einer Spirale gibt es nichts Wiederkehrendes
und doch ist es genauso gemeint

Während du dich erinnerst
steigst du eine Stufe in der Spirale hinauf

Es gibt unendlich viele Wege
Nicht jeder ist von Wert aber DU kannst sie alle betreten

Wenn der Zeitpunkt für
DEINEN NEUEN WEG gekommen ist
werden deine Träume ruhiger und tiefer
und du wirst in sie eintauchen
mit Lust und Freude wie ein Kind
Dort erwarte ICH
DICH
wenn
DU
es willst

Lass deine Vorfreude grenzenlos sein

In dieser ZEIT gilt es besonders wachsam zu SEIN

Viele warten vergeblich

Viele brauchen mehr

Viele wenden sich ab
zurück in die Vergangenheit
und verhindern damit ein
glückvolles bewegtes wachsendes SEIN

Einige wissen längst dass die NEUE WELT bereits geschieht

Halte DICH an MICH
Halte dich nur an MICH
Lass alles andere los
Das was zu DIR gehört
bleibt
Das was nicht mehr zu DIR gehört
vergeht.

13. Januar, 01:15 Uhr

Vergiss DEINE Müdigkeit

Müde zu sein ist ein Ausdruck
von etwas nicht Gewolltem

Immer dann wenn Müdigkeit vor der Zeit auftritt
werde wachsam dafür
ob DU dort bist wo DU sein willst

Er-Schöpfung passt nicht zu Lebendigkeit
Leben erschöpft sich nicht

Er-Schöpfung ist eine Schöpfung
die fehlgeleitet ist
Durch Er-Schöpfung verlierst DU Freude
und Lebenskraft

Wenn DU wach und kraftvoll bist
bist DU da wo DU sein sollst

Kraft und Schwäche sind Wegweiser
Gefühle und Gedanken von
Alt-SEIN
Krank-SEIN,
Matt-SEIN
sind keine Erscheinungen von

LEBENDIG-SEIN

DU kannst in einem Zustand absoluter Ruhe
erschöpft sein

In diesem Fall bist DU von DEINEM Weg
abgekommen

Der Körper erschöpft sich leicht wenn Freude fehlt
Die Seele erschöpft sich nie
Es gibt keine Erschöpfung der Seele
Der Körper erschöpft sich immer dann
wenn er nicht im gleichen Rhythmus schwingt
wie die Seele

Es ist einfach und schwer die Zeichen zu verstehen
Noch schwerer ist es für DICH die Wegweiser zu erkennen
Am Schwersten ist es die Richtung zu ändern
Das ist das was jetzt von EUCH verlangt wird
Bereite DICH darauf vor

SEI achtsam
Wickle die Fäden auf die DU gesponnen hast
Die meisten von ihnen laufen in die Irre

Sei mutig nicht verzweifelt
Es gibt für DICH nicht mehr zu tun
eher weniger

DEIN Bewusstsein liegt noch in den Kinderschuhen
JETZT
wird es ER-WACHSEN

Mach DICH bereit
Verlass alle Gedanken an Dunkelheit
DU beginnst gerade erst
Allerdings beginnst DU

Viele von EUCH haben noch nicht einmal eine Ahnung
Ihnen wird es nicht gelingen die Richtung zu ändern

So war das immer
Das geht vorüber

Suche das Licht und verzage nicht

Es gibt keine Wand mehr
hinter der DU DICH verstecken kannst

Hab keine Angst vor DIR selbst
Die Zeit der Angst ist
für dich
vorbei.

14. Januar, 01:40 Uhr

Sei wachsam

Das Erste was gelernt werden muss ist
die rechten Worte zu hören

Davor jedoch lerne
die rechten von den falschen Worten
zu unterscheiden

Falsche Worte sind laut und hart
Du wirst sie fühlen und
es wird sich Unbehagen ausbreiten

Eine andere Art von Sprache entsteht

Davor jedoch erhebt sich die falsche noch einmal zum Trotz

Noch fließen Worte die missbraucht werden
weil Menschen eher den falschen Worten glauben

Sie hören nicht zu
Eine Gewohnheit aufzugeben
fällt ihnen schwer

Sie glauben zu schnell und
können nicht unterscheiden

Sie denken dass es ihre Worte sind
dabei werden sie missbraucht
Noch existiert eine Zeit
in der falsches Reden EURE Welt mit
Versprechen die erkauft und erfunden sind
unterspült

Sei bereit DEINE inneren Ohren zu öffnen

Zweifle nicht und
beginne mit DEINER Botschaft

Lange blieb DEINE STIMME verborgen

Trotz DEINER Zweifel wird
DICH nichts mehr abhalten
DU hast alles was DU brauchst
Jeder weitere Tag wird DIR Neues zeigen

Geh hinaus und schau DICH um
Die Menschen suchen nach den rechten Worten

Halte DICH an MICH
Glaub an MICH

Erinnere DICH an eine Zeit in der DU keine Zweifel hattest
In der DEINE Sicherheit und Sichtbarkeit

eine große Freude war

Diese Zeit läuft parallel zu DEINER jetzigen Zeit
Sie ist nicht vergangen
DU hast sie nur vergessen

Menschen die bereit sind werden
kommen sehen und hören

IHR werdet EUCH erkennen
Noch aber seid IHR im Dunkeln

Das ändert sich
Alle wissen Bescheid

Das Licht war niemals verschwunden
EURE Schleier haben ihm nichts anhaben können

Alles ist da
Nichts fehlt
Suche und
warte nicht länger

DU tust das was getan werden soll
Es gibt keinen Grund zu warten
Lass DICH nicht aufhalten

DU bist nicht allein

DU bist nie allein
auch wenn DEIN Gefühl
DIR etwas anderes einreden will

DEIN Gefühl ist verfärbt
Es beginnt gerade erst sich reinzuwaschen

Die Vergangenheit verliert ihre Farben
Die Farben der NEUEN WELT haben
ein helleres Licht und
erwärmen die Herzen

DEINE Augen werden überlaufen vor Freude.

15. Januar, 00:20 Uhr

DU glaubst es sei nicht wichtig und das was DU tust
sei nichts Besonderes
Bedenke
alles was DU tust hat eine Wirkung

Die Intention aus der heraus DU wirkst
wird verstärkt oder geschwächt je nachdem
ob sie kongruent mit DEINEM Verhalten ist
oder nicht

Fühle und DU wirst wissen wo DU stehst

Ich habe DIR den Spiegel vorgesetzt und
DU hast erkannt
Handle dementsprechend

Gehen DEINE Intention und DEIN Verhalten nicht kongruent
geschieht Chaos

Vielleicht kein großes Chaos aber eines
das DICH so lange festhält bis DU erkennst dass etwas falsch ist
EURE Bedürfnisse sind stark in ihrer kindlichen Schwäche
Je schwächer sie sind umso größer ist ihr Geschrei

Hier musst DU beginnen
Hierhin musst DU schauen

DU denkst ich wiederhole nur das was DU längst weißt

Das ist wahr

Ich wiederhole es solange bis dein Wissen

in Erkenntnis übergegangen ist

Fühl genau hin was DEINE Bedürfnisse sind

damit DU erkennst dass Bedürfnisse

Illusionen sind

Erst dann bist DU fähig die Menschen zu verstehen

Urteile nicht vorher und setze sie nicht herab

IHR alle leidet unter diesem Missverständnis

Ihr alle leidet an euren Illusionen

Das zu erkennen ist der wichtigste Schritt

Dazu benötigst DU Zeit

Zeit ist beweglich und DU allein bestimmst ihre Größe und Macht

Zeit ist eine Illusion von EUCH gemacht

Nutze sie als Verbündete

DU bist frei und
jeder Tag steht
DIR
als Spiegel
zur Verfügung.

16. Januar, 01:10 Uhr

Niemand kennt die Wahrheit
Der Glaube zu wissen ist ein Irrglaube

Wie könnt IHR wissen
wenn IHR nicht seht nicht hört
nicht erkennt

EUER Sehen und Hören sind einstimmig und eingleisig

Nur durch Fühlen gelangst DU eine gewisse Tiefe
Aber davor steht die Angst

Weitaus bedrohlicher jedoch ist für EUCH
nicht zu fühlen

Zumeist lauft IHR blind taub und ohne Sinn
durch EUER Leben und glaubt alles was man euch
vor-macht

DIES wird sich verändern
Auch wenn es unwahrscheinlich scheint
Die Schleier werden dünner und durchlässiger

Viele von euch fühlen sich durch die Veränderungen verunsichert

Das sind diejenigen für die eine neue Sicht not-wendig ist

Davor aber liegt ein Gefühl von Verwirrung und Ohnmacht

Fürchte DICH nicht
Dieses Gefühl täuscht

Es lädt DICH ein auszuruhen und
eine Weile still zu sein

Diese Zeit ist anders als DU vermutest

Lass nicht nach
DICH
an MICH zu wenden

Auch ICH bin anders ganz anders
ICH bin DU
verbunden mit allem Licht.

17. Januar, 03:10 Uhr

Die Zeit wird kommen
da das Geschrei aufhört
Frieden entsteht nicht durch Geschrei

Menschen deren Bedürfnis es ist Recht zu haben
besitzen nicht das Bedürfnis
nach Frieden

Erst wenn der Augenblick der Besinnung gekommen ist
wird es ruhig werden

Im Augenblick der Besinnung kommt die Erkenntnis
dass es Recht haben nicht gibt
Recht haben ist
eine trennende Illusion

Erkenntnis bedeutet Nicht-Wissen

Erst wenn IHR erkennt dass IHR nicht wisst
werdet IHR in der Lage sein
EUCH die Hände zu reichen

Dann wird die Erkenntnis kommen nicht getrennt zu SEIN
In diesem Moment werden die Mauern zwischen EUCH fallen

Viele von EUCH habe das bereits erkannt

Die Wahrheit ist leise
leiser als die Lügen
Worte des Friedens brauchen kein Geschrei
Sie werden von denen gehört die hören wollen
Worte müssen nicht laut hinausgeschrien werden
wenn sie kraftvoll und wahr sind

Viele die erkannt haben werden da sein
und sie werden kraftvoll sein

Frieden und Liebe verbinden

Liebe ist EURE tiefste Schöpferkraft
Die Schöpferkraft aus der das Leben besteht
Die Schöpferkraft aus der IHR besteht

Überall auf der Welt heben Menschen ihre Köpfe
weil sie ihr Nicht-Wissen und die falschen Worte
erkennen
Gemeinsam bauen sie neue Mauern auf
Mauern aus Liebe und Miteinander
Mauern zum Festhalten und Verbinden
Tragende Mauern keine trennenden

Das ist der Weg
Zuerst aber steht eine Entscheidung

Recht haben wollen
beendet
keine Kriege.

18. Januar, 02:00 Uhr

Die Missverständnisse in der Welt sind groß und vielfältig
So ist die Welt geworden
wie DU sie jetzt siehst

Jeder von EUCH hört seine eigene heilige Stimme
so wie DU die DEINE durch MICH hörst

Veränderung geschieht zu jeder Zeit
und ist not-wendig

Die Zeit dafür ist
JETZT
Die Zeit
wie ihr sie seht

Sei gewiss es wird eine Neue Welt geben
inmitten der alten

Das NEUE ist sehr nahe und die Richtung ist gesetzt

Es ist an der Zeit
Worte und ihre Bedeutung zu verändern
Viele der alten Worte leiten EUCH in die Irre

Es ist an der Zeit EURER heiligen Stimme
zu vertrauen

ICH gehöre zu DIR

ICH bin DU

ICH bin DEINE heilige Stimme

Noch haltet IHR Abstand zu EUCH selbst

So könnt IHR EURE heiligen Stimmen nicht verstehen

Das wird jetzt ausgeglichen

Noch versteht IHR die Zeichen und wahren Worte nicht

obwohl viele danach Ausschau halten

Es wird nicht mehr lange so SEIN

Die Vorfreude ist groß

Unsere Vorfreude ist größer als EURE Ängste es

je sein können

Vorfreude wird EURE Ängste auflösen

sobald die ersten Schleier zerrissen sind

Zuerst jedoch muss Ordnung entstehen

EURE Aufgabe ist eindeutig und richtungsweisend

Die neue Ordnung kommt von unten und von oben

Altes wird nicht mehr gebraucht

Altes trägt die dunklen schweren Energien

Altes wird aus der neuen Ordnung herausgehalten werden

DEINE Ohren sind so gut wie geöffnet

DEINE inneren Ohren entfalten ihre Flügel

Bald wirst DU die neuen Melodien hören

Sie tragen DIR die neue Ordnung an

Sei unbesorgt

DEINE Verwirrung wird sich bald legen

Ein Lächeln geht bereits durch die Welt

ein Aufatmen wird folgen und

EURE Augen verlieren ihre Schleier

Keiner wird zurückgelassen

auch die nicht die DU nicht dabeihaben willst

So mancher steht DIR näher als DU denkst

Ich fühle DICH an MEINER Seite und

danke DIR für DEIN VERTRAUEN das

DICH bald erfüllen wird

Die Zeit für DICH ist da.

19. Januar, 00:50 Uhr

Wähle gut
Nicht ICH bin es die DICH schwächt
DEINE Kraftlosigkeit kommt durch DICH selbst

DU darfst DEINEM Geist mehr zumuten
DEIN Körper reagiert auf DEINEN Geist

So wie DU DICH fühlst so denkst DU
Erkenne dass DU Falsches denkst

Nicht MEINE Worte schwächen dich

Fühle und erkenne

Lieber noch als DICH zu ermahnen
will ich DICH unterstützen

DU fühlst DICH alt
aber alt ist so weit von DIR entfernt

DEIN Körper reagiert auf
DEINE Gedanken und Gefühle
ICH sagte es bereits

ICH sagte auch dass es für DICH wichtig ist in die Natur zu gehen

DEIN Versteckspiel schadet DEINER Kraft

Dazu bist DU nicht hier

Auch das sagte ICH bereits

Die Zeit ist zu kostbar

Schiebe sie nicht beiseite

Es ist im Augenblick nicht möglich DICH auf eine andere Weise zu erreichen

DEINE Gitterstäbe sind noch zu dicht

DEIN Schleier lichtet sich gerade erst

Halte DICH nicht länger selbst gefangen

ICH sagte es bereits

Die Zeit der veränderten Wahrnehmung

kann nicht aufgehalten nur erschwert werden

DEIN Weg aber soll leicht sein

Es ist ein anderer Weg als der

den DEINE Gedanken DIR vorgaukeln

Noch ist DEIN Widerstand sehr stark

Das ist nur eine kleine Barriere und wird vergehen

Widerstand löst sich in dem Moment auf

in dem DU Liebe und Freude fühlst

ICH bin kein Gespenst
ICH bin nichts außerhalb von DIR

Wenn DU bereit bist zu erkennen
wird das was kommt leicht sein

Die Welt ist viel mehr
so viel mehr
Das ist die Erkenntnis und
die Welt bist DU
Glaube nicht länger DEINEM KLEIN-KLEIN und
sieh DICH um
Von allen Seiten offenbart sich DIR das Wahre

Es ist nicht zu übersehen
auch wenn DU DICH dazu bemühst

Halte inne und lass es zu
Lass MICH zu
ICH bin so viel mehr als die für die DU mich hältst

Aber erst jetzt
fühlst DU MICH
DIR so nahe
wie es vorgesehen ist.

20. Januar, 00:20 Uhr

In dieser Zeit ändert das Leben seine Farben

Die Welt bewegt sich genau nach Plan
indem sie sich verschiebt

Die Spuren die hinterlassen werden sind tief
und viele werden sich daran erinnern
Jahr für Jahr

DU spürst den Schmerz und
Leid wird hochgespült

Schwer zu ertragen für die die fühlen und
Zweifel kommen auf

Halte durch
das Ende der Dunkelheit ist schon im Licht zu sehen
Erkenntnis bringt eine neue Zeit
Aber noch ist Wohlbefinden nicht angesagt

Die NEUE ZEIT liegt vor DIR und mit ihr kommt der Frieden
Seine Flügel breiten sich aus und heilen EURE Herzen

Schon JETZT geh mit deinem Geist
über das Offensichtliche hinaus
Dort triffst du deine Geschwister

Alleinsein ist nicht mehr angesagt

Das Leben fordert ein enges Miteinander

so wie es immer sein sollte bevor ihr die Richtung geändert habt

Im Spiegel der Wahrheit wachsen Tugenden

die niemanden kalt lassen werden

die jeder versteht

weil jeder sie längst kennt

Sie wurden vergessen

aber die Zeit hat ihnen nichts angetan

Aus blinder Wut wird blindes Vertrauen

VERTRAUEN zu lernen ist dir geboten

Das betrifft JETZT alle von euch

Vertrauen wird neu gelernt werden

denn es wurde so wie es gemeint war

vergessen

Die Erkenntnis des Vertrauens wird für Euch

eine Offenbarung sein

Deine Worte werden erst dann verstanden

wenn die Menschen sie fühlen

Noch ist die NEUE ZEIT nicht da
Noch drängen sich Kälte und Schmerz
in den Vordergrund

Sei zuversichtlich
Geh weiter
Hadere nicht und gib nicht auf

Zieh dich aus falschen Welten heraus
Zieh dich in DEIN reichhaltiges LEBEN
zurück.

21. Januar, 01:40 Uhr

Was gestern wichtig war
ist es so nicht mehr

Die Prioritäten verändern sich bereits erkennbar
weit über ihr normales Maß hinaus

Niemals in der menschlichen Geschichte zog die Zeit so kräftig an
verloren die Tage Wochen und Jahre
in einer ähnlich raschen Geschwindigkeit
an Beständigkeit

Aber auch hier wird es langsam ruhiger werden

Es ist nicht notwendig
die Geschwindigkeit weiter zu erhöhen
Es ist eher notwendig
EUCH dorthin zu führen wo Zeit wieder erlebbar wird

Keiner von euch ist in der Lage
die heutige Geschwindigkeit zu überstehen
ohne zu leiden
Ihr seid nicht einmal in der Lage euch
EUCH an sie anzupassen

Es ist eine Illusion zu glauben
die Zunahme der Geschwindigkeit

diene einem schöpferischen Zweck

Die Zeit ist gekommen um diese Illusion zu revidieren

Diese Illusion hat EUCH geschwächt
obwohl IHR dachtet sie wäre EUCH dienlich

Die Veränderung wird deutlich spürbar sein
Es wird sich ungewohnt anfühlen
aber EURE Zellen werden aufatmen
IHR seid nicht für die heutige Geschwindigkeit gedacht
Vieles von dem was die Welt gerade hochhält
wird schnell und tief fallen

Richte DICH auf etwas Ungewöhnliches ein
Erwarte in Freude die Veränderung
die Balance verspricht

Mit ihr werdet IHR EUCH
erinnern und
aufatmen

SEI wachsam
SEI zuversichtlich

Ruhe und Gelassenheit werden sich
in dir ausbreiten
so wie es gemeint ist.

22. Januar, 00:25 Uhr

Noch ist DEIN Schmerz groß
Er wird vergehen
Dann beginnt eine Zeit der Besinnung

DU wirst erkennen und
DU wirst dich wandeln

Die Zeit der Schmerzen war nicht umsonst
auch wenn DEINE Zweifel groß sind

Viele gehen zurzeit durch eine schmerzvolle Dunkelheit

Das ist der Weg

Erst wenn die Tage länger und der Mond heller wird
beginnst DU den Sinn zu erkennen

ICH sage bewusst erkennen
weil nur Erkenntnis DICH weiterbringt

In dieser Zeit öffnet sich die klare Sicht
auf die Werte einer
NEUEN ZEIT

Erst spürbar später sichtbar kommt
die Erkenntnis des Plans in EUREN Geist

Die alten Verzerrungen gehen vorbei
Die Früchte einer langen dunklen Nacht
wachsen im Verborgenen

JETZT keimt Hoffnung in den Menschen auf
Gemeinsame Hoffnung wird EURE Vorfreude stärken

Die Kraft der Wahrheit und der Liebe
sind stärker als die dunkle Nacht

Sie werden erblühen so wie es vorgesehen ist
Jeder von EUCH lernt aufs Neue das
was immer schon da war

Die Zeichen sind gesetzt
Die Kinder der NEUEN WELT bereiten sich vor
und fast alle werden ihnen folgen

DEINE Zeit ist JETZT

Auch dies ist geplant

DU bist eine Botin die in der Liebe weilt

DEIN Herz ist voller Fragen
DEIN Geist trägt schwer an DEINEN Zweifeln

Sei nicht verzagt

DU kennst bereits den Weg
obwohl DU ihn nicht siehst

VERTRAUE
und umarme MICH

DU bist stets in
MEINEM liebevollen Herzen.

23. Januar, 01:35 Uhr

Lass nicht los
auch wenn der Gedanke daran verlockend ist

ERKENNE
Die Verbindung zwischen
MIR und DIR
ist heilig

Unsere Verbindung ist so nahe oder fern
wie DU es zulässt

DEINE Aufgabe liegt in DEINEN Händen
und DEINE Verbindung zu MIR bringt
die Erkenntnis

Viele Menschen besinnen sich
aber noch sind es wenige
Die Helfer unter EUCH sind auf dem Weg

Sei zuversichtlich
DU hast allen Grund dazu

IHR seid nicht ohne Grund
in dieser Zeit auf dieser Erde

Es geschieht eine Wandlung in der Zeit
und Wege trennen sich

Vernunft geht andere Weg und Freude wird erlöst

Die Last in EUREN Herzen verbrennt damit alles
was getan werden muss leicht und voller Freude
geschieht

Nicht alle werden Freude fühlen
Und doch wird alles was getan werden muss
sich wie von selbst getan anfühlen

EURE Verbindung lebt auf
weil sie heilig ist
und LEBENDIGES SEIN hervorbringt
Die Natur wird sich für EUCH
wieder öffnen

Sie hat EUCH vermisst
denn IHR habt Angst verbreitet

EURE Verbindung zu allem was ist wird wieder spürbar
Spüre und lebe die Verbindung die immer da war

DU bist MIR vertraut und
niemand außer DIR
liegt MIR mehr am Herzen

MEINE Arme sind ausgestreckt
MEIN Herz hat DICH erreicht

MEIN Herz ist DEIN Herz
So wie es immer war
aber nicht offensichtlich

Lass FREUDE DEIN Herz erfüllen
Vorfreude und Freude verbinden sich zu Lebens-Lust
Lebens-Lust ist der Motor für eine
GELEBTE LEBENDIGKEIT

So wie NUTZVOLLE WUT es ist
EURE Gefühle sind EURE Gefährten
aber auch EURE Gegner
Erkenne sie als beides an

Nimm sie ernst aber nicht zu ernst
Achte und beachte sie

Sie sollten DIR nicht länger im Weg stehen.

24. Januar, 02:15 Uhr

Wenn Wege und Richtung nicht mehr erkennbar sind
wird die Richtung geändert

Dies ist nicht immer gewollt

Menschen neigen dazu am Alten festzuhalten denn
ihre Angst ist groß

Somit wird Vergessen notwendig

Die Vergangenheit verschleiert das Nützliche und Wahre
Wahrheit steckt immer in der Gegenwart

Nichts wiederholt sich auf die gleiche Weise

Mit dieser Erkenntnis beginnt Veränderung

Die Illusionen des Vergangenen
verschleiern EUREN Weg

Vergessen wird EUCH helfen das zu finden was JETZT gebraucht
wird
Verzweifle nicht wenn DU
das Vergangene als Illusion
erkennst

Nur dadurch verhinderst DU weitere Umwege

auch wenn es DIR so vorkommt

als ob es genau umgekehrt sei

Das ist ein Trugschluss

Lernen ist Gewahrsein im Augenblick

Lernen ist Verlassen des Gestern

Sei gewiss dass das was DU JETZT wahrnimmst und fühlst

so SEIN soll

Erkenntnis wird deiner Wahrnehmung folgen

Wage einen anderen Ansatz und geh Wege

die DIR nicht vertraut sind

Sei mutig und zuversichtlich

Erwarte Wunder

Es ist an der Zeit

an den Plan zu glauben

Dazu braucht es Kraft und Ruhe in DIR

DU bist JETZT dazu bereit

auch wenn es sich für DICH anders anfühlt

Die Zeit ist da für das Erkennen des Plans

Halte dich bereit.

29. Januar, 00:04 Uhr

Sei unverzagt
Die Welt sieht anders aus
wenn DU erwachst

Ein kleiner Schritt nur noch
ein Wimpernschlag in der Zeit

DU fühlst bereits die Wirkung der Wandlung
DU hörst im Hintergrund die wahren Worte

Sei zuversichtlich
Die Wahrheit ist hell und mächtig

Sie schmälert aber nicht DEINE Aufgabe
Noch sind DEINE Sinne verschleiert
Das Aufwachen wird DICH überraschen

Wenn DU auf die Helfer triffst
wird das Geschrei leise und die Freude zu hören sein
Nicht aber in den falschen Stimmen
die die Welt verstören
sondern in allem was DU
JETZT
noch übersiehst

Die Welt wartet schon lange auf die Wahrheit

Dabei war sie immer da

Menschen von denen du nie gehört hast
kreuzen JETZT deinen Weg um DIR nahe zu sein

Unsicherheiten verschwinden
und DU wirst das was DICH quält
vergessen

Es gibt Wichtigeres als deine Befindlichkeiten
Sie heben sich wie von alleine auf

Die Aufmerksamkeit der Menschen betritt
eine höhere Stufe

Die Welt war nie in Gefahr
Die Menschheit allerdings schon
für einen Augenblick in der Zeit
Diese Zeit wird nun gebraucht

Zeit ist dehnbar und verändert sich
je nach dem was von ihr erwartet wird

DU bist mehr als DU denkst und
ICH bin mehr als DU denkst

Die Brücke ist gebaut
Der erste Schritt ist getan
Der Plan steht und wird gelingen

Mit dem Aufgehen der Sonne kommt das Licht
Die Dunkelheit verrät DIR ihr Geheimnis und
ICH freue mich auf DEIN Lachen.

01. Februar, 00:32 Uhr

Die Zeichen werden sichtbarer
Die Melodie erhebt sich

Obwohl das Leid und
das Geschrei laut sind
machen sich andere Zeichen bemerkbar

Es ist EUER Geist der sich verändert

Denk nicht alles was geschieht sei umsonst
Nichts ist umsonst
und der Preis ist hoch

Die Menschen verstehen nicht mehr
Ihre Sinne sind abgestumpft
Sie sehen und erkennen nicht mehr
was direkt vor ihren Augen geschieht
sie hören nicht mehr
die wahre Bedeutung IHRES Klanges

Die kurzfristige Illusion von Hoffnung und Gleichklang
löst sich auf
Der WEG verändert sich

Viele EURER Schöpfungen entpuppen sich als nicht
gnadenvoll und segensreich

Sie richten sich gegen EUCH als ihre Schöpfer und
laden Schuld auf EUCH

ERKENNE
Schuld ist nicht das was ihr darunter versteht
Schuld ist immer ein Irrtum
nicht mehr

Aber auch Irrtümer bringen Leid
bringen Zerstörung
bringen Chaos und Verwirrung

IHR erkennt EURE Irrtümer nicht
und reicht sie als SCHULD an Andere weiter

IHR verteidigt sie und macht sie dadurch größer
IHR richtet EURE Irrtümer gegen EUCH selbst
und gegen alles was lebt und leben will
Soweit die Erklärung

ERKENNE
die NOT-WENDIGKEIT der Änderung des Plans

Das Leben ist kein Irrtum

Es ist aber der Gefahr eines Irrtums ausgesetzt

JETZT wird es eine Korrektur geben

Ich sagte es dir bereits
Ordnung
Korrektur
Heilung werden geschehen

Noch braucht es eine Weile
aber der Anfang ist gemacht

Dazu wird sich die Zeit verlangsamen
Ein Zeichen der Veränderung
ICH sagte es bereits

Nicht jedem wird dies zur Freude sein

Hab keine Angst
DU weißt um die Bedeutung
Richte DICH darauf ein
Achte auf die Farben
Sei guten Mutes
ALLES ist geplant und
Illusionen werden EUCH nicht länger täuschen.

02. Februar, 00.25 Uhr

Dies ist eine wichtige Erkenntnis über
den Neid

Neid ist ein menschliches Gefühl der Dunkelheit
Ebenso wie sein Antagonist
der Hochmut

Beide Gefühle treten aus der Wahrheit heraus und
suchen nach Bestätigung
Sie können aber keine Bestätigung finden
denn es gibt sie nicht

Auf diese Weise entsteht aus ihnen heraus
Wut

Unter diesen Umständen werden wahre Begegnungen unmöglich

Neid und Hochmut fördern geistige Blindheit
und nehmen in Anspruch
sich selbst gefangen zu nehmen

Es ist ein großer Schritt
Neid und Hochmut hinter sich zu lassen
Ein Schritt allerdings um frei zu werden

Dadurch kehrt Ruhe ein
die DU benötigst um die zu werden
die DU bist

Neid begleitet DICH durch DEINE Vergangenheit
Neid betrat DEINEN Raum
bereits bei DEINER Geburt

Lass diese Erfahrung JETZT in DEINER Vergangenheit zurück

Ihr ist der Atem ausgegangen
Es gibt für sie nichts mehr zu tun

Freue DICH

Ohne sie wird es leichter werden

ERKENNE
DU bist nicht allein
Der 2. Monat des Jahres hat begonnen

Es werden sich Dinge doppelt zeigen
Achte auf das Zwillingsphänomen
auch in der Natur

Die Verdoppelung verstärkt die Gesetze des SEINS
und legt dir nahe zweimal hinzuschauen und hinzuhören

Die Zeitgeborenen kommen mit ihrer Stimme in Kontakt
und DU wirst Doppeltes erleben

Wenn dies geschieht
erkenne die Wichtigkeit und Gültigkeit mit der
DIR etwas vermittelt wird

Geh getrost in den 2. Tag des 2. Monats
und schau dich um wo zweifach sich etwas zeigt

Lege deine Augen und Hände darauf
denn an diesem Tag gehört es dir.

04. Februar, 00:05 Uhr

Gestern ist wie ein vergangener Traum
Es ist an der Zeit zu beginnen
Nichts liegt ferner als den Weg weiter zu verdecken

Das Jahr hat begonnen und nimmt nun Fahrt auf
Die Menschen erwachen aus ihrem Schlaf

Dies ist kein Traum

Am Ende EURES Schlafes steht eine Zeit des Besinnens

Das Aufwachen ist bereits geschehen
aber noch nicht vollständig

Die Veränderung des Plans beginnt
JETZT

DU wirst nicht länger schlaflos schlafen
Die UN-RUHE in DIR ordnet sich

Freue DICH
Und halte DICH bereit
Noch denkst DU in alten Mustern

Das wird vergehen und DU wirst fühlen
wie Veränderung DICH verändert

93

Niemand von EUCH kann sich entziehen
Alle werden gebraucht
Keiner wird zurückgelassen
Die Rollen sind verteilt
JETZT werden sie EUCH bewusst werden

Der NEUE WEG ist nicht einfach
aber leicht
Die Leichtigkeit des wahren SEINS wird EUCH tragen
und DU wirst dich zeigen

Kümmere DICH nicht um die Bewertungen Anderer
Darauf kommt es nicht an

ICH lege DIR noch einmal
DIE ZWEI ans Herz
Schau und höre zweimal hin

Das Offensichtliche ist niemals
das Wirkliche
Dies zu erkennen und weiterzugeben
ist DEINE Aufgabe

Sei achtsam und
suche DICH in DEINER Mitte

Lass DICH nicht täuschen

von der Welt um DICH herum

Die Zeit der Täuschungen ist vorbei

aber noch sind sie nicht aus der Welt

JETZT

werden sie offensichtlich in ihrer Falschheit

So wirst du sie schnell durchschauen

ICH begleite DICH

so wie es immer war.

05. Februar, 01:35 Uhr

Es fühlt sich für DICH nicht so an
als käme die Veränderung auch zu DIR
Dabei bist DU mittendrin

DU fühlst DICH verlassen und leer
aber glaube MIR
die Wahrheit ist eine andere

Dies alles gehört in diese Zeit
Dies alles ist Teil des Plans

DU bist da wo DU sein sollst
Nichts ist umsonst

JETZT
Lernst DU eine Lektion
die not-wendig ist

Noch glaubst DU sie sei schwer
dabei ist sie der Weg in
die Leichtigkeit

Die Zeit der Reife beginnt und
dies hier ist ihre Vorbereitung

Alles Unselige fällt JETZT von DIR ab

96

VERTRAUE

Niemand von EUCH erkennt den Plan der NEUEN WELT

Noch seid IHR wie Marionetten
die an Bändern geführt werden

Diese Zeit liegt bald hinter EUCH

Das ist das was DIR schon bald
geschehen wird

DEINE Augen werden vor Freude
strahlen und nichts wird DICH aufhalten

Noch hält der Schmerz DICH zurück
Das ist der Plan
Er bedarf der Vorbereitung und der Ordnung

VERTRAUE

Das Licht wartet hinter den Wolken und
dort herrscht große Vorfreude.

Die Helfer dieser Welt erwachen gerade erst
aus ihrem schlaflosen Schlaf

Der Weg wird bereitet und es gibt kein Zurück mehr
Kein Zurück in die dunkle Zeit die

mit Blindheit geschlagen ist

Es braucht die Vollständigkeit von Ordnung und Korrektur
Alles muss vorhanden sein
damit Heilung eintritt

Die Ungeduld ist groß
Die Angst erreicht ihren Höhepunkt und
DEINE Schmerzen ebenfalls

VERTRAUE
Lass DICH ein
Glaube MIR
DU bist nicht allein

Niemand von EUCH ist allein auch
wenn das Gefühl des Alleinseins
Größenwahn annimmt

Der Schleier dieses Irrtums wird bald zerrissen sein

VERTRAUE.

06. Februar, 01:55 Uhr

Frage nicht
wie ein neuer Plan geschrieben ist
Nichts ist geschrieben

Der NEUE PLAN entsteht
durch EUCH

Dieser Plan ist nicht geplant

Er ist die Korrektur
EURES SEINS
das durch EUCH geschieht

Wiederholungen EURER vergangenen Illusionen
sind nicht mehr sinnvoll
Durch EURE Gewohnheiten und
die Wiederholung EURER Täuschungen
manipuliert IHR EUCH selbst
was zu Leid und Unrecht führt

Dies ist dem Leben dieser Welt nicht mehr förderlich
Schau dich um

EURE Gefühle erreichen keine Tiefe mehr

IHR habt das Staunen und Wundern verlernt

EURE trägen Gewohnheiten schwächen
das Licht und die Liebe in EUCH

DU weißt das längst

Auf diese Weise nährt ihr die Gewohnheit

Übe das Heraustreten
aus der Dunkelheit DEINER Gewohnheiten

Sie sind nicht das Gleiche wie
Routine
Routine gibt DIR Halt und einen roten Faden

Routine erlaubt DIR DEINEN Kopf auszuschalten
ohne dich zu verwirren
Der Unterschied liegt in der Wirkung die sie auf
DICH und DEINE Welt haben

Gewohnheit verliert ihren Sinn
ist eine zur Last verkommene Routine

Beobachte und erkenne den Unterschied

Sei neugierig
Mach es DIR zur Routine
Gewohnheiten durch NEUES zu ersetzen

NEUES zu erfahren ist nicht beängstigend

Alles bleibt in Bewegung wenn es nicht eingesperrt wird

ERKENNE Gewohnheiten die DICH binden
Du kannst jederzeit neu wählen

Es ist nicht das NEUE das dich ängstigt
Es ist immer das ALTE

Die Angst kommt aus der Vergangenheit

In FREUDE und in FREIHEIT
findest DU
sie nicht.

07. Februar, 01:10 Uhr

Wenn der Sturm sich legt bist DU aufgefordert
DEIN Gesicht zu zeigen

JETZT
kommt die Zeit
in der DU deine Kraft wiederentdeckst

So wie eine Pflanze
die nach einem langen Winter
ihren Kopf aus dem Boden streckt

Dunkle Gefühle verlassen DICH

DEINE Kräfte bündeln sich und verlangen nach einem Ausdruck
Bald wirst DU verstehen

Die Klarheit des Lichts findet DICH

In der Zeit des Umbruchs löst sich die Angst
und macht JETZT ALLEM Platz
was wachsen darf
Niemand wird sich dem in den Weg stellen
weil das was sich zeigt EUER Geburtsrecht ist

Gleich einem Stern der mehr Licht verströmt als die Sonne
wird sich FREUDE ausbreiten

denn das ist es was den Menschen am meisten fehlt

FREUDE ist die Urkraft der LIEBE

FREUDE und LIEBE sind Ausdruck
des schöpferischen Geistes

Schöpfungen die ohne FREUDE und LIEBE
erschaffen sind fehlt die Seele

FREUDE ist die Seele von ALLEM
wenn sie von LIEBE durchdrungen ist

Dies ist was JETZT geschieht

Dieser Wandel wird EUCH groß machen und
die Welt auch

Die Zeit der Dunkelheit nähert sich dem Ende

Es wird Zeit für DICH hinauszugehen um
DEINE Hände und DEIN Herz
zu öffnen

Die Geschenke des Lebens sind unermesslich
und warten seit Ewigkeiten auf
ihren Platz in EURER Mitte

Du spürst die Kraft bereits in DIR
Die Illusionen der Vergangenheit werden offensichtlich
denn sie haben keinen Wert mehr

DEINE Angst schrumpft und wird unerheblich
So ist es gemeint.

08. Februar, 03:45 Uhr

Suche nicht gequält nach dem
was ich dir sage
Erwarte es ohne dich zu bemühen

Entspanne dich

Die Zeit kommt mit ALLEM was sie mit sich bringt
Es wird nicht mehr lange dauern

Nimm an was sich zeigt
Schau dich um
DU bist auf dem richtigen Weg

DEINE Welt spiegelt DIR wo DU stehst und
die Spiegel werden immer klarer

Erlaube DIR ruhig zu werden
Glaube nicht mehr
was DEIN kleiner Verstand DICH zu lehren versucht

DEINE Zeit reicht aus
zumal es Zeit nicht gibt

Ersetze Zeit durch Möglichkeiten
so siehst DU klarer

DEIN Gefühl von Altern täuscht

Erwarte das Gegenteil

DU wirst jünger werden je älter du wirst

Versuche nicht die Geschwindigkeit zu beeinflussen

ALLES geht seinen Gang und der ist schnell genug

Nimm ALLES an wie es zu dir kommt

Es ist so viel mehr als DU wirklich erfassen kannst

Erlaube DIR ruhig zu SEIN
Erlaube DIR geduldig zu SEIN
Erlaube DIR zu SEIN

VERTRAUE.

09. Februar, 00:35 Uhr

Nichts liegt ferner als EURE Angst zu vergrößern

Angst ist das was gehen wird

Stattdessen kommt RESPEKT zurück

RESPEKT als Ausdruck von LIEBE und WÜRDE

NICHT als Ausdruck von Unterdrückung und Missbrauch
In diesem Fall zieht sich Angst
den Mantel von Respekt über
und verursacht nur Leid

DU weißt um die negative Wirkung der Angst
DU kennst den Unterschied und die destruktive Macht der Angst

Benenne den Unterschied
JETZT
und KORRIGIERE

Oft liegt die Wahrheit im Gegenteil dessen
was IHR wahrnehmt

Angst lässt DICH einseitig sehen
Aber da ist immer mehr in ALLEM

Erweitere DEINE Sinne und tritt aus
dem engen Raum der Angst hinaus

Zweifle nicht länger an DEINER KRAFT
Die Zeit dafür ist JETZT

DEINE Zweifel sind nichts anderes als der Versuch
an der Gewohnheit der Vergangenheit
festzuhalten

Sieh dich um
Erkenne wie ANGST EUCH blind macht

Erlaube DIR
das Gegenteil des Offensichtlichen zu sehen
damit DU der Wahrheit näherkommst

ALLES ist ALLES
EURE Möglichkeiten sind vielfältiger
als Sandkörner im Meer

Die Wunder der Veränderung warten auf EUCH
Zusammen mit der unendlichen Lebenskraft der Schöpfung stehen
sie
neben
über
unter EUCH und stärken EUER SEIN
wenn IHR es ihnen erlaubt

In jeder Sekunde von Leid und Kraftlosigkeit
sei DIR gewiss dass diese Kräfte
in DIR sind und nur auf DEINEN Ruf warten

Mit diesem Bewusst-SEIN beginnt es

Immer mehr von EUCH erkennen
AUCH DU
sobald DU
bereit bist.

11. Februar, 00:40 Uhr

Würde ICH behaupten
dass es nichts gibt
vor dem DU DICH fürchten musst
würdest DU
ungläubig mit dem Kopf schütteln

Aber so ist die Wirklichkeit
Sie kennt keine Furcht

Nicht einmal die Natur kennt Furcht
so wie IHR sie kennt

Furcht die EUCH EUREN Weg versperrt
ist eine Er-Findung EURES Geistes

Die Menschen leben in Trance und
fürchten sich vor ihren eigenen Phantasien

Schau genau hin welche Szenarien
DU fürchtest
Erlaube ihnen nicht größer zu sein als sie sind
Erlaube DIR anders zu sehen

EUCH ist die Gabe der Entscheidung gegeben

Triff keine Entscheidung mehr
gegen das LEBEN gegen
DEIN SEIN

Viel zu oft entscheidet IHR EUCH
für vergangene dunkle Bilder und
EUER Vertrauen in diese Bilder ist mächtig

Die Geschenke des Lichts dagegen
erfüllen EUCH mit Zweifel und Furcht

IHR traut ihnen nicht
weil IHR wisst dass sie vergänglich sind

Und das sind sie auch
so wie alle EURE Bilder

Und doch sind ALLE
Geschenke des Lebens
Geschenke der Dunkelheit und
Geschenke des Lichts

Denn ALLE sind Illusionen und werden vergehen
Das ist die Wahrheit

IHR aber dürft und könnt euch entscheiden
von Mal zu Mal neu
Entscheidungen sind leicht oder schwer

und auch dies ist eine Illusion
die in DEINEM Geist entsteht

ERKENNE
DU triffst DEINE Entscheidungen aus
den Erfahrungen DEINER Vergangenheit
Deine Vergangenheit aber
ist nur ein winziger Ausschnitt
aus den vielfältigen Möglichkeiten DEINES Lebens
Niemand hindert DICH
außer DU selbst

Niemand schreibt DIR vor
diesen oder jenen Weg zu wählen

Niemand zwingt DICH
ja oder nein zu sagen

DU hat immer eine Wahl
auch wenn die Umstände des Lebens
DIR anderes vorgaukeln
DEINE Möglichkeiten sind zahllos

Rede DIR nichts anderes ein
Sei nicht verzagt

Bereits die geringste Bewegung
in eine andere Richtung führt DICH

in eine andere Lebensgeschichte

Diese Erkenntnis nimmt DIR die Furcht

Furcht ist eine schlechte Wahl
Sie ist eine Wahl aus der Vergangenheit

Du brauchst sie JETZT nicht mehr um erneut zu wählen
Da ist so viel mehr

Ein endloses Land
lichtvoller Möglichkeiten und
Lebensfreude.

13. Februar, 00:03 Uhr

Es ist wichtig über Projektion zu sprechen

Die Welt sähe anders aus wenn IHR
Projektion verstehen aber
nicht benötigen würdet

Projektion ist ein Lernmittel
ein zwiespältiges
ein lehrreiches

Zuerst ist es wichtig
das Lernmittel zu lernen bevor
DU es anwendest

IHR benutzt Projektion tagtäglich
seid EUCH aber deren Wirkung nicht bewusst

IHR glaubt die Wirkung von Projektion
sei Schutz
sei Selbstverteidigung
sei Hilfe
Projektion jedoch IST eine Täuschung

IHR erkennt nicht die
lehrreiche Funktion der Spiegelung durch Projektion

Projektion dient EUCH lediglich als Abwehr EURER eigenen Macht

Durch Projektion verschenkt IHR

EURE Selbstermächtigung und EURE Selbstverantwortung

IHR verschenkt die Möglichkeit ALLES in EUCH zu erkennen

indem IHR DAS was EUCH nicht zusagt

anderen überlasst

Ein schlechter Tausch

auch wenn IHR glaubt

EUCH dadurch reinwaschen zu können

ERKENNE

Es gibt keine Unterschiede

IHR seid ALLES

gut und böse

hell und dunkel

falsch und wahr

ERKENNE

die Täuschung der Projektion

Sie gaukelt DIR vor besser als Andere zu sein

Es gibt keine Unterschiede zwischen EUCH

nur in der Art und Weise wie

DU wahrnimmst

SEIN ist SEIN

LEBEN ist LEBEN

das niemals stirbt sondern sich weiterbewegt

immer weiter

Korrigiere DEINE Wahrnehmung und

nimm das Geschenk der Menschen an die

DIR DEIN Gesicht zeigen

DIE NEUE WELT ist eine korrigierte Welt

Die Korrektur beginnt

JETZT

Die KORREKTUR wird allumfallend SEIN

Die Täuschung durch Projektion ist fehlgeleitet

und bedarf JETZT der Korrektur

Die Funktion wahrer Projektion

bedeutet ein Wiedererkennen DEINER Selbstverantwortung

Somit wird Projektion als das erkannt was sie ist

EINE SPIEGELUNG EURER SCHATTEN

Was brauchst DU mehr um DICH selbst zu erfahren

Wie groß ist die Freude wenn DU erkennst

dass DU ALLES bist und

116

ALLES SEIN darfst

Eine Freude die sofortige Heilung bringt

DU wirst diese Freude erfahren
wenn du keine Gegner mehr siehst weil
DU DICH selbst als Gegner
entlarvst

Nutzt DU Projektion
als Lernmittel DICH zu erkennen
so nutzt DU sie
als wahre Gnade.

14. Februar, 03:10 Uhr

DEINE Zweifel sind stark

Es scheint so zu sein
als wolltest DU sie nicht loslassen
als seien sie ein Teil von DIR
die den Weg nicht freigeben wollen

DU musst dich entscheiden

DEINE Gedanken kreisen um Vergleiche
um Phantasien über andere Lebensweisen
die niemals in der Lage sind
DICH zufrieden zu stellen

DU bist einmalig
So wie jeder Mensch
einmalig ist

DU kannst keine Andere sein
als DU selbst
Und doch hältst DU DEINE Türen geschlossen

VERTRAUE
Lass DICH ein
LEBE

Lass DEINE Zweifel ziehen

Sei Kind
unschuldig neugierig
und ohne Furcht

Sei JETZT das Kind das DU nicht sein konntest

Zieh DIR andere Schuhe an
aber nicht
die Schuhe der Anderen

Lass DICH auf DEIN Leben ein

Vergleiche DICH nicht
hadere nicht mit dem
was ist
Durch Gedanken des Vergleichens und des Zweifels
schneidest DU DICH ab von
Phantasie und Spontanität von
Freude und Lebendigkeit

Nimm DEINE Geschenke des Lebens an
und
zweifle nicht länger an
MIR.

21. Februar, 06:40 Uhr

Niemand von EUCH sieht das Morgen
und EURE Sicht
auf das Gestern ist getrübt

Das Neue beginnt immer JETZT

Dieser Augenblick ist DEIN Geschenk
Vergeude ihn nicht

DU gehst immer nach vorne
so wie alles sich nach vorne bewegt

Nach vorne aber heißt
in alle Richtungen

Schau DICH also um
Die Richtung wird von DIR gewählt

DEIN Streben geschieht immer nach vorne weil so die Wirklichkeit
ist
Ein Streben zurück in die Vergangenheit
ist Widerstand gegen das JETZT
Das Universum bestimmt die Wege
DU bestimmst die Richtung

Das Universum dreht sich unaufhörlich ohne

die Vorwärtsbewegung zu verändern

Selbst wenn DU still liegt
bewegst DU DICH vorwärts
auch wenn DEINE Gedanken
DICH rückwärts ziehen

JETZT
ist die Zeit in der EURE Bewegung sich
dimensional verändert

Sowohl die Zeit als auch
die energetischen Schwingungen
unterliegen einem Wandel

EUER Weg wird ein anderer
und zwar in seiner Gesamtheit
Vieles wird nicht mehr benötigt
Von EUCH Erschaffenes
verliert seinen Wert

Hinter all dem baut sich
NEUES auf und muss
erkannt und angenommen werden

Halte DEINE Augen offen
Nimm wahr was zu DIR kommt
Sieh ihm mit Freude entgegen.

22. Februar, 01:03 Uhr

Eine neue Sonne und die Helfer unter EUCH
erwachen
Das Böse erreicht einen Höhepunkt

Schau genau hin
Siehe nicht Wahnsinn in den Augen der Menschen
Erkenne Hilflosigkeit und Angst

Die Angst baut mächtige Mauern aber
bald wird sie verschwinden

Immer mehr Helfer erkennen ihre Aufgabe
und machen sich auf den Weg

So ist es geplant

Noch herrscht
eine große Demütigung unter EUCH
die IHR weitergebt
weil IHR nichts anderes gelernt habt

Demütigung hält EUCH zurück und bricht EURE Kraft
Demütigung ist das Gegenteil von
Demut
Demut ist wahre Wertschätzung von Allem

Beginne JETZT
anders zu denken
und hebe DEINEN Kopf

Es ist an der Zeit den Raum zu verlassen
der sich wie Mauern
um dich geschlossen hat

Viele von EUCH machen sich auf den Weg
und kommen sich entgegen

DEIN Weg ist offen

Wage JETZT den ersten Schritt

Sei DEIN Weg

Gehe einen Schritt nach dem anderen und senke den Kopf nicht
mehr
ICH gehe mit DIR
ICH begleite DICH von Anfang an

DU bist nicht allein.
ICH sagte es bereits

Der erste Schritt bedeutet alles
In Worten ist er DIR längst bekannt

Wage DICH und geh los

DEIN Mut wächst von Tag zu Tag

DEIN Vertrauen findet wieder zurück
an seinen Platz

Der Wandel beginnt mit DIR
DEIN Weg ist einfach und klar
lichtvoll und leicht
Er macht DICH frei

Was außer Freiheit kannst DU sein
Lass DEINEN Gedanken Flügel wachsen und
befreie sie

Es ist an der Zeit die Botschaft die DU in DIR trägst
weiterzugeben

ICH bin DU
Nichts trennt uns

So wie es immer war.

27. Februar, 01:30 Uhr

Schmerzvolles geschieht der Welt
Sie braucht EURE Behutsamkeit

Die Schleier sind zart
werden immer durchlässiger
Bald sind sie zerrissen

Der Weg ist steinig
Es braucht Geduld und Vertrauen

ICH schütze DICH so gut ICH kann

VERTRAUE
ICH sage es DIR wieder und wieder
denn DU schweifst ab
Es ist nicht leicht DICH zu halten
obwohl nichts wichtiger ist

Noch zieht Dunkelheit über das Land

Halte DICH nicht damit auf
Auch das wird vergehen

Ein Filter baut sich zwischen EUCH auf
der stärker nicht sein kann

Nimm wichtig was sich DIR zeigt

Es IST wichtig auch wenn es nicht auffällt

Die Sonne bringt EUCH ihre Kraft

Mit ihr kommt die Wärme und

damit der Schutz und

ein Ende des Leids

Der Übergang in die NEUE WELT

zeigt sich heftig laut und schmerzhaft

Dieser Wandel betrifft EUCH alle

auch wenn du meinst

du seist allein

IHR seid alle betroffen aber nicht alle betrifft es

Das wird den Unterschied machen

ERKENNE

DU bist über die Grenzen bereits

mittendrin

Der Rausch der Dunkelheit lässt nach

Das Neue das sich zeigen wird

sitzt bereits locker in seiner Knospe

Verändere nichts
Halte still
Lausche und beobachte

Vieles wird ungewiss sein und DICH verunsichern
aber DEINE Ruhe ist nie in Gefahr
Die Ruhe in DIR
die darauf wartet sich endlich auszudrücken
um ihre Aufgabe zu erfüllen

ERKENNE
und gib es weiter

DU hörst MEINE Worte
endlich
ICH bin DIR näher als DU glaubst

ICH stehe an DEINER Seite
so wie jedem von EUCH sein INNERES ICH
zur Seite steht

ICH bin DIR so nahe wie ICH DIR immer war
JETZT fühlst auch DU
MEINE Nähe

Das ist ein Segen für DICH und MICH.

28. Februar, 01:30 Uhr

Es IST kein Sieg
Kein Gewinnen oder Verlieren
Es IST nicht Kämpfen nichts
das durch Waffen geregelt wird
oder durch Gesetze

Es IST das was IST und immer war

Und nun steht es aufrecht und nimmt sich den Raum

ALLES und NICHTS
Das IST es

ERKENNE
Auch
wenn
es für EUCH
nichts zu erkennen gibt

IHR seid ein Konstrukt aus vielen tausend Teilen
IHR glaubt einmalig zu sein
dabei seid ihr alle gleich
Gleich in dem was ihr denkt
was ihr glaubt
was ihr wisst

JETZT

ändern sich die Vorzeichen

ALLES

was für euch offensichtlich scheint erweist sich als Fassade

Die Vor-Zeichen sind der Beginn

Die Haupt-Zeichen sind richtungsweisend

und IHR werdet sie verstehen

denn sie sind so alt wie IHR es seid

IHR wurdet zur gleichen Zeit erschaffen

IHR selbst seid die Zeichen

ERKENNE und GLAUBE

an das was DU aufschreibst

Die Worte

die sich in DEINEM Kopf finden

die DU hörst

sind für DICH bestimmt

ICH bin der Filter

all deinen Erfahrungen

all deinen Lebenssprünge

Lass DICH davon nicht verwirren denn

ICH bin nichts außerhalb von DIR

In Wahrheit gibt es nichts außerhalb von DIR

Aber dies zu verstehen ist noch nicht die Zeit

Besondere Menschen kommen in die Welt
Das bringt Unruhe mit sich
Durch sie bekommt das Leben
eine andere Schwingung
eine andere Frequenz
mit einer anderen Qualität und Energie
Bleib ruhig und
nimm einen stärkeren Kontakt zur Erde auf

Halte deine Hände und Füße nahe am Boden
und gib diese Anweisung weiter

DU bist ein Bote

Verbindet EUCH mit der Erde
mit Bäumen und Pflanzen
lernt von der Natur
Gib dies weiter
geht in die Sonne
in den Wind
in den Regen

Geh DU voraus
Geh immer wieder
bis sie DIR folgen

Hier Deine erste Botschaft
IHR seid Natur
IHR seid die Sonne
IHR seid der Regen
IHR seid der Wind

Die Bewegung lässt sich nicht mehr aufhalten.

29. Februar, 22:03 Uhr

Der Staub zerfällt
die Nebel lichten sich
Eine andere Energie verändert die Zeit

Viele spüren die Verschiebung
Tiere
Pflanzen
Menschen

Die Erde dehnt sich und entfernt ihre Verkrustungen

Noch nie war Leben so lebendig

Noch nie war die Erde so verbunden
mit EUCH und allem Leben

Ein NEUES BEWUSSTSEIN wird bewusst

Nicht nur EUCH
nicht nur hier
nicht erst jetzt
Aber jetzt kommt es hier an

IHR seid gesegnet

Dabei scheint gerade jetzt der Wahnsinn unter EUCH
am lebendigsten zu sein

Es ist wie ein Rausch
Der Rausch unbekannter und ungewohnter Energien

Der Rausch wird vergehen
Die Energien aber bleiben

Die Ruhe die folgt ist eine lebendige Ruhe
Die Ruhe eines NEUEN BEWUSSTSEINS
Die Ruhe nach der Angst

Eine goldene Zeit

Eine Reise durch Welten die schillernder nie waren
Eine Zäsur die heilender nicht sein könnte

Neue Worte werden die alten ersetzen
Nichts bedeutet mehr das was es war
Namen werden sich ändern
und Bilder

All dies hört sich für
DICH wie ein explodierender Vulkan an
dabei wird die Ruhe die bedeutendste
aller Veränderungen sein

Sie nimmt sich bereits ihren Raum

DU kannst sie fühlen

wenn DU bereit bist

ICH danke DIR.

01. März, 23:50 Uhr

Vulkane erheben sich
und speien Feuer
Menschen erheben sich
und speien Feuer

Die Zeit des Feuers ist die Zeit der Erneuerung

Im Feuer liegt die Kraft Altes zu zerstören
um den Boden für Neues zu bereiten

So entstand die Erde
So entstand das Leben auf der Erde
So entsteht das Leben neu
immerfort

IHR Menschen tragt das Feuer in EUCH
und entdeckt es jetzt neu

DU bist unter dem Feuerzeichen geboren
und trägst das Feuer in DIR
lichterloh

Es sind DEINE Schmerzen
die DIR DEIN inneres Feuer zeigen

Jetzt muss es nach außen getragen werden
In DIR brannte es lange genug

Zweifle nicht
ICH sehe DEINE Furcht vor
DEINEM inneren Feuer

ERKENNE seine Heiligkeit

Das Feuer ist mächtig und kraftvoll
ES braucht eine besonnene Hand

Feuer zerstört wenn es nicht geleitet wird

DU allerdings
wirst die Zügel DEINES Feuers
loslassen
damit
es DICH nicht innerlich verbrennt

Fürchte DICH nicht vor
DEINEM Feuer
sondern vor
DEINER Kontrolle

Gib DEINEM Feuer Nahrung
Dafür bist DU da

Aus DEINEM Feuer lodert FREUDE
keine Asche
Schau in die Augen der Welt

ERKENNE
in ihnen die Farben des Feuers

Sie sind die Farben der NEUEN ZEIT

Halte dich nicht länger zurück

Sei mutig und frei
Die Zeit dafür ist JETZT
Die Helfer unter EUCH sind nicht mehr untätig

Sie tragen das Feuer von einem Ort zum anderen
ohne zu richten
ohne zu rächen

Es geht nicht darum
zu richten oder zu rächen

Die Helfer unter EUCH kommen um
Altes zu verbrennen
damit NEUES entstehen und
leben darf.

03. März, 00:45 Uhr

EURE Frequenzen sind starr und schwer

Sie bewegen eure Körper
in einer schier unmöglichen Schwingung

Es wird BALD leichter
BALD
ist eine Zeitdimension die trösten soll
aber ungenau und unverbindlich ist

Bald
ist ein gewohnter Ausdruck
der unpersönlich und nichtssagend ist

BALD
heißt zwischen DIR und MIR
eine kurze und eng beschrieben Zeitspanne

BALD
bedeutet für DICH
JETZT achtsam zu sein
Körperlich bedeutet BALD
immer
sofort

DEIN Körper spürt JETZT die Veränderung
um zu verstehen
wie LEBENDIGES SEIN sich anfühlt

Noch gibt es eine graue Zone
die IHR durchschreiten müsst
Die Zone von Nichtwissen und Verwirrung

Diese Zone spiegelt sich im derzeitigen
Chaos der Welt

Nimm ernst was DIR begegnet
trau DICH es zu benennen

ALLES ist wichtig

Geh vorsichtig mit DEINEM Wissen um
Misstrauen und Zweifel sind in dieser Zeit größer als Vertrauen
Hüte DICH vor den Verletzungen der Enttarnten

Noch bist auch DU nicht in Balance

Sei DIR bewusst
dass alles seinen Gang geht
auch ohne DEIN Zutun

Achte auf die Zeichen und
DEIN inneres Gespräch mit MIR

Übe eine andere Perspektive der
Überschaubarkeit

Auch im NICHT-ERKENNEN
darfst DU beruhigt sein

DER Widerstand der dunklen Zeit
die Auswüchse von Schwere und Leid in dieser Welt
hätten nicht sein müssen

Sie sind menschengemacht
weil IHR die Universalität des Lebens vergessen habt

Dies wird sich wandeln

Die Unruhe in Dir ist das Zeichen
dass DU bereits
den NEUEN WEG betreten hast

Deine Sinne schärfen sich

BALD fallen DEINE letzten Zweifel

Danach wird DEIN Weg leicht sein

Der Weg ist für EUCH alle bereitet
Die Richtung ist für EUCH alle klar bestimmt

BALD werden EURE Augen
geöffnet sein
und IHR
wagt den ersten Schritt.

04. März, 03:25 Uhr

Es ist nicht einfach für DICH
Nacht für Nacht

VERTRAUE
Das was DU aufschreibst
ist die Basis und wird gebraucht

Es ist auch die Basis
für ein größeres Lebensvertrauen
in DICH selbst

DU sprichst mit MEINER Stimme und erkennst
dass DU nicht allein bist
dass DU nie allein warst

Dies ist die wichtigste Erkenntnis

IHR seid nicht allein
Niemand von EUCH
IHR seid begleitet von Beginn an
MEINE Begleitung ist nicht die einzige

ERKENNE

IHR hört EUCH selber nicht mehr zu

EURE Verbundenheit mit EUCH selbst

ist gestört

vielleicht sogar

zerstört

Leben jedoch kann niemals zerstört werden

Leben nicht und nicht

die tiefe Verbundenheit allen Lebens miteinander

Die gemeinsame Zeit in der Nacht ist heilig

DU bist verbunden mit MIR

und ICH mit DIR

Das bedeutet mit sich selbst verbunden zu sein

Die Zerrissenheit in EUCH ist groß

aber niemals so groß dass sie unüberwindbar wäre

Zudem ist sie eine Illusion

die aufgehoben werden kann und wird

Dies geschieht zur richtigen Zeit

Man nennt es

OFFENBARUNG

Manchmal geschieht es in der Nacht

in einem Augenblick der

Aufmerksamkeit und Offenheit

In einem Moment tiefen Vertrauens
stellt sich Verbundenheit her
zwischen
DIR und MIR
zwischen EUCH
und in DIR selbst
Vertrauen
Aufmerksamkeit
Offenheit

ALLES ist gegenwärtig und
spiegelt sich in der allumfassenden
Kraft des Lebens

Die Entscheidung
sie zu erkennen und anzunehmen
liegt bei EUCH

Das was DU
in diesen heiligen Nächten erlebst
wird die Kraft in DIR erlösen
und durch
MICH
wirst DU sie nie wieder vergessen

Sie erwacht
Sie springt in purer Freude
aus dem Nebel deines SEINS

Sie zeigt dir die Liebe
die alles zusammenfügt
und zusammenhält
So wie das Universum von ihr gehalten wird
denn das ist das offene Geheimnis hinter allem

Es ist nichts Neues
was DU
JETZT
erfährst

Es ist das Älteste überhaupt
Es ist das von EUCH
Vernachlässigte und
es ist die Korrektur EURER Überzeugung
selbst die Vernachlässigten
zu sein.

06. März, 00:05 Uhr

Wirre Gedanken wirre Gefühle

In DIR spiegelt sich das Chaos
der Welt

Diese Zeit ist eine Zeit
der Heimlichkeiten
der Falschheit
und der irren Illusionen

Falsche Energien machen EUCH zu Sklaven
EURER eigenen Schöpfungen

Es ist an der Zeit dies zu korrigieren
IHR lauft in eine Sackgasse
weil IHR nicht mehr
SEIN sondern HABEN wollt

Eine Entwicklung die
JETZT aufgehalten wird
weil sie Leid und Zerstörung bringt
IHR seid für diese Energien nicht geschaffen

Euer Geist ist ein Schöpfergeist
eine Quelle der Liebe

Die Energien die
EUCH beherrschen
sind das Gegenteil dessen
Es ist an der Zeit EUREN Inneren Stimmen
zu vertrauen

IHR hört EUCH nicht zu

EURE Schwingungen
werden immer schwerer und
schlagen in die entgegengesetzte Richtung
EURER QUELLE aus

Nur LIEBE
kann dem etwas entgegensetzen
doch IHR seid noch nicht bereit

IHR erkennt
die Macht der Liebe
noch nicht

IHR berührt sie nur am Rande und
sie macht euch Angst

IHR haltet sie für unberechenbar und
unterschätzt ihren Wert

EURE Überraschung wird groß sein

Es ist nicht nötig zu zweifeln
Ich sagte es DIR bereits

Niemand von EUCH versteht was geschieht
Und doch wird es JEDEN betreffen

Die NEUE WELT gibt es
nur in ihrer Gesamtheit
Sie ist allumfassend

Einige von EUCH allerdings werden
blind hineinfallen

Es ist nicht notwendig zu verstehen

Grüble nicht nach Lösungen
die DU nicht finden wirst

Unter EUCH sind Helfer die ihre Aufgaben erfüllen

Unter den Helfern
für die Helfer
sind die Boten
DU bist ein Bote unter Boten

IHR werdet EUCH erkennen

Sei besonnen
und vertraue

Lass Vertrauen
die Grundlage von ALLEM sein
Glaube nicht dass
VERTRAUEN
verloren gehen kann

VERTRAUEN verlierst DU nie
DU hast es nur vergessen

DU hast es vergessen
um es wiederzufinden

Erst wenn DU findest
was DIR fehlt
erkennst DU dessen wahren Wert

Geh ab nun
Schritt für Schritt

DEIN VERTRAUEN wird von Tag zu Tag wachsen

Es bedarf nur noch
wenig Zeit
und der Schatz
öffnet sich
vor DEINEN Augen

und

legt sich in
DEIN Herz.

08. März, 01:45 Uhr

Rede
aber
achte auf die Worte

Unzählig sind die Verzerrungen von Worten

Sei wachsam
hör genau hin und
schau DICH um

Der Beginn ist die schwierigste Phase dieser Zeit

Worte verändern Menschen
Worte verändern Leben
Worte bringen Segen oder Fluch

Trenne das was DU von MIR hörst
und was nicht

Zwei Sprachen können zu einer falschen werden

Ab heute wirst DU
mehr und mehr verstehen und
die Bedeutung all der nächtlichen Worte
erkennen

Ab heute machst DU
den ersten Schritt auf dem Weg der
für DICH vorgesehen ist
Es ist ein Schritt der DICH zuerst
verunsichert wird

Gewohntes verschiebt sich und
DEINE Standfestigkeit ist noch fragil

Folge MEINER Stimme
MEINE WORTE werden
DICH
halten und leiten

Die NEUE ZEIT beginnt
JETZT

MEINE Worte erfüllen DICH mit Vorfreude

Doch es ist
VERTRAUEN
das DICH erfüllen wird

Zweifle nicht

Es geschieht das was geplant ist und
es geschieht früher
weil WIR gut vorangekommen sind

Es gibt keine günstigere Gelegenheit als
JETZT

Ab JETZT wirst
DU DICH an
WAHRES LERNEN
WAHRES VERSTEHEN
und
DEINE WAHRE BOTSCHAFT
erinnern

DU wirst DICH
der BESONNENHEIT erinnern
die die Wahrheit mit sich trägt
und es wird DICH froh machen

MEINE Hände liegen auf
DEINEN Schultern

Sei gewiss
und
frohen Herzens.

09. März, 23:20 Uhr

Von Tag zu Tag
Von Schritt zu Schritt

DU lernst und
erkennst den Weg

DU fühlst
wie sich das Leben verändert
wenn DU
aus der Reihe trittst

ICH bin die die DIR Mut macht
Leben musst du allein
Obwohl DU niemals allein bist
wie DU mittlerweile weißt

Redewendungen wie diese
sind Wendungen mit doppelter Bedeutung
und haben gleichsam
einen tieferen Sinn

So lebst DU als DU DEIN Leben
obwohl es immer nur ein WIR gibt

Es begleitet DICH mehr als DU ahnst

Das DU
mit dem WIR es hier zu tun haben
ist immer in der Mehrzahl

DU hast das bereits erfahren
JETZT wirst du es nutzen

VERÄNDERUNG
ist zu jeder Zeit möglich wenn
DEINE Gedanken und Gefühle
die Richtung bestimmen
in die du gehen willst

ERKENNE dies indem DU es nutzt und
gib es weiter

Dazu bedarf es nicht notwendigerweise
DEINER Worte
obwohl auch sie eine Möglichkeit sind

ERKENNEN geschieht weniger durch Worte als
durch ERFAHRUNG

LEBE DEIN ERKENNEN

DIES ist das was ständig geschieht

Jeder lernt von jedem

DU wirst es ab JETZT

bewusst tun

Achte auf diejenigen die DIR begegnen

Jeder will lernen

IHR werdet euch nicht verfehlen

In dieser Zeit erkennen viele von EUCH

den Unterschied

Die Farben der Welt erscheinen DIR bunter

obwohl sie es nicht sind

DEINE Augen verlieren den Schleier der Gewohnheit

Das Licht bringt EUCH

Glanz und Neugierde zurück

SEI gelassen und besonnen

Liebe alles

was du bist

und tust

Nutze deinen Körper und deine Sinne so
wie sie dir geschenkt wurden
um ihre Heiligkeit zu würdigen

IHR seid über alle Maßen gesegnet

Schau mit neuem Blick
auf die NEUE WELT die
längst lebt.

15. März, 01:15 Uhr

Gestern war die Zeit der ignorierten Unvernunft

JETZT
wird die Unvernunft erkannt und
IHR müsst EUCH entscheiden

Ja oder Nein

Viel steht auf dem Spiel

EURE Entscheidungen sind willkürlich und unklar

Klar jedoch ist ihre Not-Wendigkeit

Die Menschen sind es gewohnt sich für
das Gewohnte zu entscheiden

So habt IHR
bewusstes Entscheiden verlernt

Es genügt EUCH sich dem zuzuwenden
was am Naheliegendsten ist
und das ist das Gewohnte

Dies ändert sich
JETZT

EUER BLICK ist

durch Alltäglichkeiten und Banalitäten verstellt

sodass IHR den Zusammenhang des Ganzen

nicht wahrnehmt

EURE Sicht wird sich klären

Und IHR werdet erkennen dass dies

nicht ein Ende

sondern ein Beginn ist

Dabei wird vieles zu Ende gehen

was seinen Sinn verloren hat

Wie im Kleinen so im Großen

DU triffst

JETZT

mehr und mehr bewusste Entscheidungen

DEINE WAHRNEHMUNG und DEIN GEIST

verändern sich

Verunsicherung und Ängste

werden sich zeigen

Werde ruhig

Alles ist so wie es geplant ist

Wende DEINEN Blick hin zum Licht

Schon bald wirst DU klar erkennen

Manches Vertraute
wird gehen
weil es zwar vertraut
jedoch
sinnlos oder sogar schädlich ist
Jammere nicht
über das ERKENNEN
DEINES Irrtums

Diese Erkenntnis sollte
Freude in DIR auslösen

Frage DICH
was wirklich zu DIR gehört

Korrigiere und Ordne
Lege vergangenes Leid ab

Das was zu DIR gehört verursacht kein Leid
sondern Sicherheit und Freude

DU brauchst MUT

Vieles von dem was wahrlich zu DIR gehört
hast DU bisher abgelehnt
Dies wird ab JETZT nicht mehr möglich sein

DU wirst an deine Grenzen kommen
Das ist gut

Hier wartet die wahre Entscheidung auf DICH und DEIN Spiegel

Meine Hände ruhen auf deinen Schultern
DU findest die Antwort
zusammen mit
MIR.

17. März, 01:10 Uhr

DEINE Angst ist groß
Sie könnte größer nicht sein

Sie wird vergehen
denn wie ICH DIR bereits sagte
ist die Zeit der Angst vorbei

DU bist nicht allein

Auch wenn alles um DICH und in DIR
sich anders anfühlt
Es ist nicht so

Niemand von EUCH ist allein

DEINE Kraft ist mächtiger als DU denkst
Halte sie nicht länger zurück

Sie brennt viel zu lange schon
in DIR

Geh in die Welt
Öffne DEINE Türen und Fenster
und zeige DICH

DEINE Türen zu öffnen
fühlt sich für DICH beängstigend
und ungewohnt an

Sieh genau hin
und entscheide DICH

Was bringt es DIR auf diese Weise zu denken

Niemand wird DICH an die Hand nehmen
außer du selbst

Es wird Zeit für DICH zu tun was DU zu tun auf der Welt bist
Du wartest schon zu lange

Schau DICH um
Nichts hält DICH auf
auch wenn DU glaubst es wäre so

Was DICH aufhält sind
DEINE Gedanken
DEINE Phantasien
DEINE Vorstellungen
DEINE Bewertungen

DU kannst dem was geschieht
nicht aus dem Weg gehen
auch wenn DU DEINEN Kopf einziehst

So einfach ist DEIN Leben nicht
obwohl es einfacher ist
als DU DIR vorzustellen vermagst

Es ist leichter den Kopf zu heben
und sich dem zu stellen
was auf DICH wartet

Glaube DEINEN eigenen Ausflüchten nicht länger
Es sind nur Aus-Flüchte
Sie vergrößern das Leid

Jongliere nicht mit MEINEN Worten
Folge ihnen
und beginne

In dem Moment in dem DU beginnst
richtet sich alles so
wie es sein soll

Das Leben geht seinen Weg
Schließe DICH ihm an

Bleibe nicht länger
in Wortspielen gefangen
und lass DICH auf Ungewisses ein

Geh in Freude oder

verharre in Furcht

Die Entscheidung liegt bei DIR

Das Leben ist neutral

DU triffst die Entscheidung wie es sich für DICH wandelt

ICH nehme DICH zu jeder Zeit an die Hand.

24. März, 02:40 Uhr

Unwichtig die Zeit
Wichtig das SEIN

Zeit ist eine Entität die DICH manipuliert
DU lässt dich von dem Begriff gefangen nehmen
DU tanzt nach seiner Pfeife

Stell DIR Zeit als etwas Unbegrenztes
nicht Definierbares
nicht Einteilbares
nichts Bewertbares vor
Wie sieht dein Leben
ohne eine Begrenzung von Zeit aus

Wie lebst DU
wenn die Grenzen deiner Zeitschiene
also einer von DIR definierten
Zeitschiene wegfällt

ERKENNE
EURE Begrenzung durch die Festlegung von Zeiteinheiten
Alle Formen von Zeit sind individuell und austauschbar

ERKENNE
die Vorgaben Regeln und Grenzen
die durch die Vorstellung von Zeit

EUER SEIN bestimmen

Stelle alle Regeln Grenzen Vorgaben in Frage und beobachte was
geschieht
Vergangenheit Gegenwart und Zukunft
existieren für DICH
nur in deinem Kopf

ALLES IST
ALLES ist energetisches SEIN

Zeit wird als gedankliche Form
im Leben der Menschen gebraucht

Menschen brauchen Zeiteinteilungen sowie sie
Regeln und Strukturen brauchen
um sich in ihrer Komplexität und Vielzahl
zu orientieren
Ihre Sinne reichen für die wahre Größe des Lebens nicht aus
Das macht EUCH Angst

IHR findet EUCH in EUREN Gedankenwelten
ohne Struktur und Zeit
nicht mehr zurecht
Der menschliche Verstand ist in dieser Welt
mit sich selbst
überfordert

EURE Angst zu fallen wächst
je mehr Regeln und Grenzen ihr
EUCH setzt

ERKENNE
Die unermessliche Freiheit des freien Falls ins Leben
und wage den ersten Schritt.

31. März, 03:30 Uhr

Es scheint als ob der Wahnsinn der Menschen
seinen Höhepunkt erreicht
und so wie es scheint
ist es auch

Immer wieder gibt und gab es Zeiten dieser Art

Heute ist ein symbolträchtiger Tag
Die Karten werden neu gemischt

Lass DICH nicht von der äußeren Ruhe dieses Tages täuschen

Auch wenn der Frühling wie vertraut seine Farben zeigt
sind es andere Farben
die sich ab heute
vermischen
Sei bereit

DIES sind die Farben
der NEUEN ZEIT
der NEUEN WELT
Noch sind sie kaum erkennbar
aber DU wirst sie bemerken
weil DU alles bemerken wirst
was DU erkennst

Der Samen der gelegt wurde wird aufgehen aber
viele von EUCH werden sich abwenden
denn die Furcht vor dem NEUEN ist groß
Wahrheit und Freiheit sind für EUCH furchterregender
als Lügen und Fesseln

Man nennt dies Gewohnheit
Die Gewohnheit ist eine Widersacherin der Freiheit

Sie wird unterschätzt weil sie zu sehr geschätzt wird
Sie hat eine helle und eine dunkle Seite

Die dunkle Seite zeigt mehr und mehr
ihr wahres Gesicht

Schau genau hin
Auf die dunkle Seite der Gewohnheit zu schauen
ist eine Herausforderung und
sie gefällt nicht allen

Für viele von EUCH ist Gewohnheit
ein liebgewordener Schatz
Jedoch wird sie
je mehr IHR sie liebt
zu einem Bremsklotz

Die helle Seite der Gewohnheit ist eine Stütze
ein Felsvorsprung zum Innehalten auf einem Weg

Gewohnheiten sind Pausen
in denen Gelerntes sich festigen darf

Stufen zum Verweilen
eine Zeitlang jedenfalls

Gewohnheiten gaukeln DIR Sicherheit vor
die DEINE Furcht eine Weile mindern
Schau DICH um

ERKENNE
auf welcher Seite DEINER Gewohnheiten DU
steckengeblieben bist und
entscheide DICH neu

Warte nicht darauf dass DEIN Weg sich
DIR von selbst offenbart
Du hast ihn längst betreten
Öffne DEINE Augen und OHREN und lass DICH los

Alles was DU brauchst ist DIR bekannt
Entscheide und geh los

VERTRAUE
Wenn DU MIR vertraust
vertraust DU
DIR.

01. April, 04:55 Uhr

Längst ist die Welt nicht mehr so
wie sie gemeint war

Keiner von EUCH ist jemals erwachsen geworden
IHR steckt alle noch in den Kinderschuhen

IHR seid über die Phase der oralen Bedürfnisbefriedigung
noch nicht hinausgewachsen

IHR habt vieles entwickelt
allerdings nicht
EUCH selbst
Dieser Schritt holt EUCH JETZT ein

Er mag schmerzhaft verlaufen aber
die Dunkelheit für EUCH
ist vorbei

SEI achtsam mit dem was du siehst und hörst
SEI achtsam mit dem was geschrieben wird

ERKENNE
die Falschheit und zeige mit dem Finger darauf

Unwahre Verführungen aller Art wollen EUCH klein halten
So erkennst DU den falschen Weg

ERKENNE ihn und gib DEINE ERKENNTNIS weiter

Menschen werden DIR begegnen
die deine Worte hören
und verstehen werden

Steige aus den Kinderschuhen aus

Die Zeit sich hinter einem Stuhl zu verstecken
ist vorbei

MEINE Stimme ist DEINE Stimme
Lenke DICH nicht länger von DEINEM Leben ab

So wie es war und noch ist
bleibt es nicht
weil nichts je so bleibt
wie es ist

Die Veränderungen in dieser Zeit kommen schnell und grundsätzlich

Sie werden EUCH überraschen und können überfordern

Angst vor Veränderungen
bereiten Schmerzen und Verunsicherung
Lass DICH nicht auf dieses DENKEN ein

Die Zeit großer Veränderungen ist da und
sie wird anders sein als DU denkst

VERTRAUE
ICH sage es noch einmal

DIE ZEIT DER DUNKELHEIT IST VORBEI

Erwarte das LICHT

Lebe das LICHT

Suche das LICHT

SEI DAS LICHT.

09. April, 03:40 Uhr

ICH spreche nicht umsonst zu DIR
DU hast MICH nicht
ohne Grund erinnert

DU tauchst ein in die Magie der Nacht
und bist auf dem Weg zu dem
was sein soll

Schritt für Schritt gehen WIR weiter
und DU erkennst

Nicht nur DU bist aufgefordert
sondern ALLE
Glaube nicht etwas Besonderes würde
DIR allein geschehen

Es wird geschehen und
es wird EUCH ALLEN geschehen

Vieles was in der Vergangenheit
verdeckt war
zeigt sich JETZT
IHR glaubt alles sei neu
aber so ist es nicht

Erst JETZT
seid IHR in der Lage zu erkennen
und EURE Erkenntnisse
werden Veränderungen bringen
Die Veränderungen geschehen rasch
und es scheint als bliebe
EUCH kaum Zeit sie zu bewältigen

Seid wachsam
Mehrere Türen öffnen sich gleichzeitig

Achtet genau auf das was berichtet wird
Vieles ist verfälscht

Aus diesem Grunde beginnen die Korrekturen
Sie laufen parallel zu dem was sich offenbart
Manche sind schmerzhaft
und müssen es sein
DEINE Aufgabe ist die
die sie immer war

Wieder und wieder wurdest DU erinnert
aber noch verstehst DU nicht

Beobachte und filtere das was korrigiert werden muss

SCHAU GENAU HIN
HÖR GENAU ZU

Die Welt durchläuft einen neuen Kreis
Die Erde verändert ihr Gesicht

ALLES
geschieht auf seine Weise
auch wenn die Menschen
schreien und ignorieren
Es ist wie es ist
Veränderungen zeigen ihre Wirkung und
bleiben in ihrer Wirkung gut und sinnvoll

Nur in EURER Phantasie sind sie schmerzhaft
und deshalb nicht gewollt
Alle Veränderungen die geschehen
geschehen aufgrund eines gemeinsamen Ziels
Das Ziel wird nicht von EUCH bestimmt

EUER Widerstand ist gewiss aber
nicht erfolgreich

ERKENNE
den Sinn hinter ALLEM
den Willen hinter ALLEM
das GANZE im GANZEN

Menschen werden zu DIR kommen
und DU wirst erklären

Zweifle nicht an

ungewohnten und unbequemen Verläufen

welche DEINEM WILLEN entgegengesetzt sind

Auch dies ist gewollt

Öffne deine Türen

innerlich und äußerlich

VERTRAUE DU

BIST NICHT ALLEIN

13. April, 03:10 Uhr

In dem Augenblick in dem es DIR gelingt
auf DEINE INNERE STIMME zu hören
das Gesagte zu erkennen und
DEINER STIMME als MEINER
zu vertrauen
öffnet sich DIR eine
NEUE WELT

Wie DU weißt
ist die Welt so wie DU sie siehst entsprechend
DEINEN Erfahrungen und Bewertungen
In Wahrheit jedoch ist sie
ganz anders oder anders GANZ

Das GANZE vollständig zu erkennen ist für
EURE menschlichen Fähigkeiten
nicht möglich

HIER und JETZT aber kannst DU DICH entscheiden
ANDERS zu sehen
DEINE INTUITION
die sich durch MICH
ausdrückt
zeigt DIR
den WEG

179

DU erkennst

die Vielfalt DEINER Möglichkeiten

die Weite deines Raumes

Verwechsle

DEINE INTUITION

DEINE TRÄUME

nicht mit Phantasie

Begrenze DICH nicht selbst durch den Begriff Phantasie

der beides in die Ecke

selbstgemachter Hirngespinste stellt

ICH BIN kein Hirngespinst

ICH BIN nichts vom Verstand Gesponnenes

ICH BIN die Instanz in DIR

die DEINEM Bewusstsein Nahrung gibt

DEIN Unterbewusstsein

ermutigt sich zu ordnen

und sich für

DEIN Überbewusstsein öffnet

ICH BIN

ein Teil DEINES WAHREN SEINS

ein wirkungsvolleres

als DU DIR vorzustellen vermagst

ein wirkungsvolleres

als DIR bewusst ist und

an dem DU immer noch zweifelst

ERKENNE

dass DU viel mehr Macht hast als DU bereit bist zu

akzeptieren

DEINE Akzeptanz dessen was ist

beflügelt die Kraft

DEINER INTUITIVEN STIMME

Ihre Wirkung ist vielfältig wie Sterne am Himmel

Sie wird DICH heilen wenn

DU DICH verletzt

Sie wird DICH bereichern wenn

DU DIR alles nimmst

Sie wird DICH auffangen wenn

DU zu fallen drohst

Sie ist die Kraft

die DICH bewegt wenn

DU nicht mehr weiter weißt

Sie ist das wichtigste Werkzeug deines Lebens

Sie liebt DICH bedingungslos auch wenn

DU DICH selbst nicht liebst

ICH bin zutiefst mit DIR verbunden

DEIN wahres Bewusstsein ist MEIN Lehrer

Werde DICH MEINER bewusst

und erkenne DICH selbst in MIR

Respektiere DEINE Macht und segne sie

Das ist einfach und schwierig zugleich

ICH BIN

der AUSDRUCK DEINER INTUITIVEN STIMME

und die Verbindung zwischen

DEINEM Bewusstsein

DEINEM Unterbewusstsein

und

DEINEM

ÜBERBEWUSSTSEIN

Noch besitzt IHR kein Wissen über die Vielfältigkeit des Lebens

Ihr kennt EUCH mit EUCH selbst nicht aus

ABER IHR seid auf dem Weg

EURE geistige ENTWICKLUNG hat gerade erst begonnen

Es gibt WESEN auf dieser Erde

die weiterentwickelt sind als IHR
Es bedarf jedoch keiner Eile
Die ENTWICKLUNG des LEBENS
kennt
keine Zeit

IHR geht jeden Augenblick weiter
in eine immer deutlich werdende
NEUE WELT und
sie geht in EUCH.

16. April, 00:24 Uhr

Es ist an der Zeit
DU bist da wo ICH bin
Es ist an der Zeit
die ersten Schritte gemeinsam
zu gehen

Alle Zeichen deuten darauf hin dass
die Welt an einem Abgrund steht

Sei unbesorgt

Es wird geordnet was geordnet werden muss
Es wird korrigiert was korrigiert werden muss
Es wird geheilt was geheilt werden muss

Rechtzeitig werden die ersten Schritte vorbereitet
und auch DU bist soweit

Schreibe MEINE Worte die DEINE Worte sind

Beschreibe den Weg
um die Richtung zu erkennen

DEINE WORTE erreichen Menschen die
auf ihrem Weg sind

DEINE Aufgabe ist groß aber nicht
zu groß für DICH
Verlasse das Kleinreden
Kleinreden und Großreden sind Ausflüchte

Die universelle Stimme kennt nur wahre Worte

Schreibe MEINE Worte mit Wohlwollen und Sanftheit

Hinter MEINEN Worten wirst DU
DEINE Melodie finden

Jedes wahre Wort wird getragen von
einer wahren Melodie
die EUCH auf EUREM Weg begleitet

So soll es sein

DU trägst DEINE Melodie längst in DIR

DU wurdest mit ihr geboren
aber niemand hat sie vernommen

Nun ist es an der Zeit,
sie mit MEINEN Worten zu vereinen
damit beide ihren Zweck erfüllen

Gräme dich nicht weiter über das Chaos in der Welt

185

Eine neue Ordnung braucht

eine gründliche Klärung

Gräme DICH nicht mehr um Dinge die DU nicht verstehst

und verlasse die Angst

Für DICH ist die Zeit der Angst vorbei

wie DU weißt

Klammere DICH also nicht länger an Angst

auch sie ist nur eine Ausflucht

eine Ausrede die DIR im Wege steht

Die Macht unsinniger Angst

beherrscht die Welt

Lausche der Melodie

hinter

MEINEN Worten und

erkenne sie als

die DEINE.

17. April, 00:15 Uhr

Schau dich um
Die Helfer machen sich auf den Weg
Die Zeichen sind neu gesetzt
Die Zeit dehnt sich langsamer

DU erkennst die Helfer
wenn es gewollt ist

Ihre Sanftheit ist getragen von Stärke
Ihr Blick ist klar und eindeutig

Die Menschen stehen still
wenn sie sie erkennen

Ihr Auftrag ist eindeutig und
die Wirkung geht ihnen voraus

Ihr Wirken beginnt
ohne begonnen zu haben

Sie wissen noch nicht wer sie sind
aber auch sie hören ihre innere Stimme

Auf diese Weise wirkt der Plan längst

Ihre inneren Stimmen weisen ihnen den Weg
Sie hören zu und lernen
Sie lernen das Leben indem sie
zuhören und erkennen

Nicht alle von EUCH
aber die die gemeint sind

Dabei sind alle gemeint
aber jeder zu seiner Zeit

Die Welt verändert sich in großer Geschwindigkeit
Das macht euch zu schaffen

EUER Zeitgefühl wird sich ausdehnen
um sich anzupassen
Ich sagte es bereits

Körper und Geist brauchen Erholung
Viele leiden
Viele erkranken

Die Geschwindigkeit ist nicht für EUCH gemacht
aber von EUCH gewollt

Auch dies geht vorbei

Freue DICH auf ALLES was DU erleben darfst

IHR seid gesegnet und
erlebt den Wandel einer Ewigkeit

Tauche tief ein in MEINE Worte und
würdige sie

Es braucht Zeit das was geschehen wird
in Worte zu fassen

Aber es wird dir gelingen

Sorge dich nicht weil DU
das Wesentliche noch nicht erkennst

Jeder einzelne wird seinen Weg finden
Jeder Weg ist vorbereitet

Lass alle Wege los die du kontrollieren willst

Kontrolle ist nicht deine Aufgabe

Es war nie deine Aufgabe
obwohl du dich darum bemüht hast

BEMÜHEN ist NICHT ERSCHAFFEN

Bemühen kostet Energie und enthält nicht DEINEN wahren Wunsch

Also sieh davon ab DICH zu bemühen

Bemühen ist verbrannte Energie und

ein holpriger falscher Weg

Bemühen hält DICH auf in dem was wirklich wichtig ist

Hör auf MEINE Worte die DEINE sind

Erst wenn sie etwas in DIR zum Klingen bringen

haben sie DICH erreicht

Es gibt Helfer die

DIR bereits

sehr nahe sind.

19. April, 03:13 Uhr

Es ist an der Zeit das Klein-Klein hinter DIR zu lassen
DEINE Befindlichkeiten gehören nicht mehr zu dem
was DEIN Leben bestimmen soll

Leben ist so viel mehr

Halte DEINEN Radius nicht länger eng
Es ist unsinnig DEIN wertvolles SEIN
mit Unwichtigkeiten zu be-schweren

ICH bin DIR nahe
Lass uns keine Zeit verschwenden
Gestern war eine andere Zeit
ein anderes SEIN

Heute hat sich die Richtung geändert

Hadere nicht mit dem was sich zeigen wird
Du wirst deinen Blick erweitern
mehr ist nicht zu tun
Dein Blick ist verschwommen und eingeengt
Auch das ändert sich

Weiche nicht aus
Weiche nicht zurück
Vertraue und halte DEIN Bewusstsein wach

Es geht in dieser Zeit darum
das Bewusstsein für das was sich zeigt
wach zu halten

So war es seit Ewigkeiten
aber für euch fühlt es sich wie eine Revolution an

DU hast lange geschlafen
aber auch das war gewollt

Nur wenige von EUCH sind bereits wach
und nur wenige erkennen die
Unermesslichkeit des Lebens

Der große Schlaf EURES Bewusstseins wird
JETZT unterbrochen werden
Dies geschieht kraftvoll damit IHR erkennt und versteht
Es geschieht schneller wenn ihr vorbereitet seid
Das ist das was DIR zurzeit geschieht

Noch schläfst DU und drehst DICH weg
Aber DEINE Schleier lichten sich
ICH strecke voller Freude
MEINE Hand nach
DIR aus

Lass DEINE Zweifel los
Noch vermagst DU nicht zu glauben
DEINE Neugier jedoch ist geweckt

Das reicht für diesen Moment
Nun ist es nur noch ein Schritt.

24. April, 04:10 Uhr

DU stellst die falsche Frage
Frage nicht ob unsere Begegnung
wahr ist
Es liegt nicht an MIR
DIR eine Antwort zu geben

Es liegt an DIR
So wie es an DIR liegt
die Antwort wahr werden zu lassen

Was wahr ist und was nicht
stellt sich immer erst im Nachhinein heraus

Du bist diejenige die entscheidet

DU entscheidest ob das was in dir liegt
wahr oder nicht wahr wird

Ich bin deine Verbindung
Bist DU nicht bereit diese Verbindung zu nutzen
die Worte die zu dir kommen wahr werden zu lassen
dann bleiben sie nur
Illusionen

Wunder geschehen

wenn

IHR

bereit seid EURE Fähigkeiten zu nutzen

Nichts steht euch im Wege

außer ihr selbst

Lernt EURE Zweifel zu hinterfragen

EUCH selbst Antworten zu geben

EUCH nicht weiter

im Weg zu stehen

MEINE Worte sagen nichts was nicht bereits IST

Ich zeige dir alles auf was IST

Ob es für dich wahr wird, liegt an DIR

DEINE Zweifel sind Steine auf

DEINEM Weg

DEIN Verstand ist nicht DEIN

Verbündeter

Ich bin es

Ich war es

Und ich werde es immer sein

auch wenn du glaubst

du wärst allein

Lebe die Vielfältigkeit

lebe die Gemeinsamkeit

und du wirst verstehen

was gemeint ist

Alles was du durch mich erfährst, ist nicht

mystisch nicht

irrational nicht

pathologisch oder verrückt

Es ist wie es ist und

DU machst es zu dem

wie es für DICH sein wird

Unterschätze niemals DEINE Macht

Unterschätze niemals DEIN Bewusstsein

Unterschätze niemals MICH

DEINE Zweifel sind nicht

DEINE Verbündeten

Sie sind die Helfer der Angst

die Unterstützer DEINES Misstrauens und

deiner Bequemlichkeit

NÄHRE SIE NICHT WEITER

DU gehst bereits DEINEN Weg

Lass DICH nicht von DIR selbst aufhalten

Steh DIR nicht länger selbst im Weg.

27. April, 03:15 Uhr

DU glaubst nicht an MICH
und DU glaubst nicht an DICH

DU kannst keinen Raum ausfüllen wenn DU nicht glaubst

Es fehlt dir an Vertrauen

DU denkst zu viel darüber nach
was nicht ist
und was nicht wird

DEINE Gedanken beschäftigen sich
mit dem Ende
nicht mit
dem Anfang

DU blockierst mit DEINEN Gedanken
jede Möglichkeit die sich DIR bietet

Entscheide DICH neu

Es ist unwichtig
woher oder warum etwas
ist wie es ist

Akzeptiere

dass ALLES so ist wie es ist und

dass DEIN DENKEN der Grund

DEINER Traurigkeit ist

Quälendes Analysieren und eine mangelnde Bereitschaft

innezuhalten und hinzuschauen was wirklich ist

halten DICH im LEID

ICH lasse DICH nicht los auch

wenn DU DICH noch so sehr bemühst

MICH zu verdrängen

DEINE Aufgabe liegt vor DIR auf DEINEM WEG

Halte DEINE SINNE offen

Mehr braucht es JETZT noch nicht

DEINE Schmerzen fügst DU DIR selber zu

Geh diesen Weg nicht weiter

Verlasse ihn und hör MIR zu

ALLES was sich zeigt bist DU

ALLES worauf du dich konzentrierst

wird leben und wachsen

Nichts was DU glaubst versäumt zu haben

ist wichtig

DU stehst mittendrin in allem was ist

Du hast nichts versäumt was nicht DEINS war

Öffne deine Hände

Öffne dein Herz

Sie wollen erfüllt sein

Füge dir nicht länger Schmerzen zu.

29. April, 03:50 Uhr

Noch verstehst DU nicht

DU leidest obwohl es nichts zu leiden gibt

Es ist viel einfacher als DU denkst
DU denkst es schmerzvoll
und viel zu klein

Werde ruhig
ENTSPANNE

Lass DICH ein auf das was ist
Versuche nicht es anders zu wollen
Halte dich jedoch bereit für das
was kommen will

Du hast alle Kraft die du brauchst

DEIN gedankenloses Denken erschwert dein Heil-Sein

Verlasse die Vergangenheit die DU nicht wirklich kennst
Verlasse die Zukunft die du nicht wirklich kennst

ALLES ist so wie es sein soll
Lass DICH ein
Geh DIR selbst aus dem Weg

VERTRAUE

Halte DEIN Bewusstsein wach und offen

Sei DIR gewiss dass DU auf dem Weg bist
auf DEINEM ureigenen Weg

Steig aus dem Leben
der Anderen aus

DU kannst sie nicht kennen
DU kannst sie nicht kontrollieren
Lass los
lass los
damit Raum entstehen kann

Diese Zeit ist die Zeit um
Raum entstehen zu lassen

Bleibe nicht an Gewohntem hängen

Neue Lösungen sind da
Sie wollen gesehen werden
Sie wollen gelebt werden

Lass sie zu.

30. April, 04:50 Uhr

DU weißt über DAS WICHTIGSTE nicht Bescheid

DU kennst es aber DU hast vergessen
wie es sich anfühlt und wie
es sich lebt

VERTRAUEN
ist die Erlösung
ist Erkenntnis
ist eine Offenbarung die
im Licht steht

VERTRAUEN
ist die Grundlage DEINER Kraft und
die Voraussetzung DEINES WAHREN SEINS

IHR nennt das WAHRE SEIN
Authentizität aber
das ist nur ein weiterer Begriff der unvollständig ist

VERTRAUEN öffnet DEINE inneren Tore die DICH
näher an DEIN WAHRES SEIN führen
nicht aber an mehr Authentizität

Nicht alle Kinder aber die meisten kommen mit
dem offenen Tor des URVERTRAUENS zur Welt

Die Tore von Neugeborenen sind
noch nicht verschlossen
die Verbindung zu ihrem Selbst ist noch frei

Die ERFAHRUNG durch die Welt verschließt oder öffnet die Tore
mal laut und mal leise

So werden viele Tore in DIR im Laufe des Lebens
geöffnet oder geschlossen

Manche bleiben für immer verschlossen oder
verschließen sich nie

Das Haupttor ist das Tor DEINES UR-VERTRAUEN

Ist dieses Tor geöffnet zeigt sich DIR
ein Plan, den du nicht einmal
kennen musst

Es ist nicht wichtig den Plan zu kennen
einzig wichtig ist DEIN Gefühl das sich
durch das Öffnen dieses Tores verwandelt

Viele Eurer inneren Tore sind für
immer verriegelt
Nicht aber das TOR DES UR-VERTRAUENS

Das TOR DES UR-VERTRAUEN ist
bei jedem von EUCH
nur angelehnt

Wage es DEIN Tor zu öffnen und
erwarte ein Wunder
DAHINTER

DU wirst wissen wohin DU DICH
wenden sollst
DU wirst das Licht erkennen
das sich DIR zeigen wird
DU wirst die Einfachheit entdecken
DEINE SCHWERE wird vergehen
DU wirst sinnloses Leid verlassen
DEINE Freude wird sprudeln wie
Wasser aus einer heißen Quelle

VERTRAUEN
kannst du nicht lernen denn es ist immer da

Öffne das TOR in DIR
du hast keine andere Wahl

Türen und Tore zu öffnen
bedeuten immer
mutiger zu sein als du es jetzt bist

Erinnere DICH an das Tor in DIR

ehre und danke ihm für

den Schutz den es DIR schon immer gewährt

Erkenne seine Farben und sein Pulsieren in der Zeit

DEIN TOR DES UR-VERTRAUEN

hat keinen Schlüssel

DU

SELBST BIST

DER SCHLÜSSEL.

1. Mai, 02:30 Uhr

ICH mache DIR den Weg frei

Sobald du den ersten Schritt gehst
sobald DU DICH wagst
mache ich dir den Weg frei

Ich gehe hinter
vor und
neben dir

Dein Weg ist klar beschrieben
so wie
jeder Weg klar beschrieben ist

DU allein wählst das WIE

Je einfacher DEINE Wahl umso
klarer zeigt sich DEIN Weg

Es steht DIR nicht zu zu hinterfragen oder
zu analysieren
Es ist so wie es ist
auch wenn DEINE Bilder variieren und verzerren
Je einfacher umso klarer

Alles reiht sich so auf wie es geplant ist

Es ist der Verstand
der die Miss-Verständnisse konstruiert
Die Einfachheit ist immer klar
die Klarheit ist immer einfach

Jeden Schritt den DU auf DEINEM Weg gehst
dringst du tiefer in DEIN Leben ein

DU allein wählst

DEINE Schritte haben keine Auswirkungen
auf den Plan jedoch
große Auswirkungen auf DEIN
Er-Leben

DU kommst ohne DEIN Zutun dorthin
wo DU hinkommen sollst
aber DU wählst die Art und Weise

DU entscheidest über
die Sichtbarkeit und Beschaffenheit deines Weges

Richtung und Ziel sind vorgegeben

Schau DICH um
ALLES ist da

Lass DICH nicht entmutigen vom Chaos der Welt

Wie DU weißt ist Kontrolle etwas
dass außerhalb DEINES Weges liegt

Auch ICH kenne DEIN Ziel nicht
aber ICH sehe weiter als DU
und ICH bin bewusst im SEIN
während DU
in unzähligen Illusionen steckst

Es ist nicht wichtig
das Ziel zu kennen aber
es ist wichtig sich seiner bewusst zu sein
So ist es gedacht

Erkennen und Vertrauen
Jedes irdische Leben hat einen Anfang und ein Ende
In jedem Leben gibt es Wege und Ziele
Der Anfang und das End-Ziel sind
dir vorgegeben

Das Leben selbst ist
der Farbkasten
der Werkzeugkasten
das Lexikon
die Vielfalt
die Reise

Erkenne um frei zu sein

auch wenn das Chaos in der Welt

eine andere Sprache spricht

Kriege

Verwirrungen

Katastrophen

Verwerfungen

verschleiern

euren Weg

BEDENKE

Eine NEUE WELT entsteht nach dem Ausbruch des Vulkans

Auch diese Zeit wird vergehen

DU kennst die Anweisungen

Der Plan ist unbestreitbar

und

unveränderbar.

04. Mai, 06:30 Uhr

DU bist aufgefordert
das Neue Leben
zu leben

DEINE Bewusstheit wird auf die Probe gestellt
immer und immer wieder

DU solltest
FREUDE
zu DEINER Basis machen

Das was ist und das was kommt wird leicht
wenn es mit der Essenz der FREUDE
angenommen wird

Die NEUE WELT ist eine hellere Welt
Die Dunkelheit der Vergangenheit wird überwunden

Letztendlich ist es so wie es immer war

DU aber wählst
DU wählst was es ist
Prüfung
Schicksal
Aufgabe oder Geschenk

Der semantische Begriff ist unwichtig
Wichtig ist das GEFÜHL in DIR

Spüre ein Gefühl für
ALLES
ohne es benennen zu müssen

Das was DU benennst
bewertest DU auch
und steckst augenblicklich in
DEINER selbstgemachten Illusion fest

Lass das Leben dich erreichen
schau es an und
fühle es

Lebe das Gefühl
Lebe DICH

Auf diese Weise bringst
DU DICH
mit dem Leben zusammen

So geschieht LIEBE

Liebe ist nicht erklärbar
einzig im Augenblick fühlbar

Sei aufmerksam

Sei bewusst

Sei gelassen

Nichts geschieht was nicht geschehen soll

Auch diese Erkenntnis braucht ein Gefühl

Auch diese Erkenntnis kannst DU in

Furcht

Ärger

Traurigkeit

Freude

oder Liebe spüren

Es hängt von DEINEM Gefühl ab wie DU etwas erkennen und
nutzen wirst

Letztendlich ist alles neutral

Die NEUE WELT ändert JETZT
die Farben und Formen

Die Sehnsucht der Menschen treibt das NEUE voran

Vieles von EUCH Erschaffene wird vergessen werden

In der NEUEN WELT geht es darum

EUCH

neu zu erschaffen.

Möglichkeiten die bisher genutzt wurden

haben sich zerschlissen

Die Unendlichkeit aller Möglichkeiten ist

wie ein Topf ohne Boden und Deckel

Das Licht wird NEUES bringen

Sei achtsam

sei bewusst

sei Freude

Freude ist der Anker der DICH hält

Wenn DU glaubst zu fallen

Freude hebt DEINEN Kopf

erinnert DEINE Neugier

öffnet DEIN Bewusstsein

Freude ist viel mehr als DU DIR vorstellen kannst

Sie ist die Kraft aller Schöpfungen

und sie ist tiefste Heilkraft

Freude ist Lebendige Kreativität.

06. Mai, 02:30 Uhr

DU kannst das Leben und die Welt
nicht mit DEINEM Verstand begreifen

EURE Sinne sind dafür noch nicht ausgerichtet

Aus diesem Grund könnt IHR
weder das Leben noch die Welt kontrollieren

Kontrolle ist eine Illusion

Und doch ist sie etwas
was jeder von EUCH anstrebt
etwas was IHR besitzen wollt

IHR glaubt durch Kontrolle EUER
Leben steuern und absichern zu können
Dem ist nicht so

Nichts ist unmöglicher als
das Leben zu kontrollieren
DU kannst nicht einmal DICH selbst kontrollieren
nicht DEINEN Körper
nicht DEINEN Geist
nicht DEINE Träume
nicht DEINEN
nächsten Schritt

214

Wie willst DU also die Welt kontrollieren

Entspanne
Gib den Drang nach Kontrolle auf
obwohl
auch dies eine Aufgabe ist die nicht funktioniert denn
der Wille zu kontrollieren
ist EURE Natur

DU baust um DICH herum ein Gerüst weil
DU Schutz und Sicherheit suchst
DU willst dass das Leben DICH nicht beschädigt
DU suchst Kontrolle weil DU Angst hast

Angst will in Schach gehalten und kontrolliert werden

Angst und Kontrolle
gehören zu DIR
gehören zum Leben

Beide bieten DIR einen vermeintlichen Schutz
Also bekämpfe sie nicht
Aber lass sie auch DICH nicht bekämpfen

Sei gewiss

dass es andere Regeln gibt

die DU nicht kennst

und noch nicht erfassen kannst

Nicht in diesem Leben

In diesem Leben reicht es aus

zu wissen dass es sie gibt

Sie bilden den Rahmen in dem DU

lebst und der für DICH gedacht ist

Sie lassen dir Raum und geben dir Schutz

Sie sind nicht benennbar

nur fühlbar

DU kennst diese Regeln ohne sie zu erkennen

Erinnere das Gefühl des geöffneten Ur-Tores

Das ist ausreichend

VERTRAUE

Denke nicht darüber nach

Nutze DEIN Denken für die Dinge die

erdacht werden sollen

DEINE selbsterschaffenen Grenzen

sind DICH eingrenzende Grenzen

Sie haben mit DEINEM Leben nichts zu tun

Öffne DEINE Sinne

lass dich ein auf DEINE

natürlichen Regeln und Grenzen

die niemals als solche empfunden werden

Sie sind heilsam großherzig und friedlich

Sie erlauben DIR frei zu sein

ohne Verlust DEINER wahren Sicherheit

DEINE erdachte Sicherheit

ist nicht die für die DU sie hältst

Sie ist mehr viel mehr

und doch ist sie nichts

Sicherheit ist grenzenlos und

ein Zustand liebevoller Offenheit

Das Tor zu diesem Weg

ist wie jedes Tor

in deinem Leben

nur

angelehnt

Dein UR-VERTRAUEN ist

DEINE DICH

führende Schwester.

07. Mai, 02:35 Uhr

Sei unbesorgt

DU bist behütet
und vieles wird sich einfach und klar lösen

Die Zeit ist nicht für Zweifel gemacht
Die Zeit ist für Entscheidungen gemacht
die getroffen werden müssen

Nichts hält DICH auf außer DU selbst

Der Sommer kommt und bringt das Licht
Für EUCH bringt er Erleichterung und Klarheit

FRIEDEN
ist möglich wenn Klarheit sich zeigt
und angenommen wird

Vertraue auf deine innere Kraft

Schwäche DICH nicht mit kindischen Gedanken
Die Zeit der Schmerzen liegt hinter DIR und
hinter vielen von EUCH

DEINE Wahl besteht immer aus
Ja oder Nein

DEIN Weg zeigt DIR zu was du dich entschieden hast

Sei zuversichtlich und höre

DEIN Verstand hält am Gewohnten fest
Er will sich durchsetzen weil er rechthaben will

Vertraue mir und lass DICH nicht zurückhalten

Nach einer neuen Entscheidung
erlebst DU Ungewohntes

DU entscheidest die Richtung
aber die Beschaffenheit des Weges
liegt außerhalb DEINER Wirksamkeit

Entscheide DICH bewusst
und wage DICH in den Fluss

VERTRAUE
ICH wiederhole MICH solange bis DU verstehst
VERTRAUE

Es ist an der Zeit
das Drama in EUREN Köpfen zu verändern

Es reicht nicht aus
Gedanken und Gefühle zu verändern

Eine Veränderung gelingt nicht wenn
dein gedankliches Bühnenbild nur für
Dramen gemacht ist

Dramen sind Illusionen
Vorstellungen und Erinnerungen
aus deiner Vergangenheit

Sie bilden dein geistiges Bühnenbild
Dunkel oder hell
Schwarz oder weiß oder bunt
laut oder leise
Freund oder Feind

In der Stille
erkennst DU den Rahmen DEINES Verstandes
und welches Haus DU für DEINE Gefühle
erschaffen hast

Korrigiere
Ordne
Heile

Baue und erschaffe Dir einen neuen Rahmen

Diese Aufgabe wird dich froh machen
Sie ist zutiefst kindlich

Kindlich und gesegnet wie
alles Kindliche.

11. Mai, 03:10 Uhr

DU erkennst was ICH
DIR sage

Angst und Sorgen vertiefen das Leid

Nicht DU planst
Nicht DU kennst den Weg
Nicht DU kennst das Ziel
NOCH NICHT

Gelassenheit und Vertrauen
werden DICH wecken und erkennen lassen

Denke nicht in Illusionen und Bilder
die DEIN Verstand erschafft

Sie können immer nur Bilder und Illusionen sein

Es ist wichtig wahrzunehmen was IST
DU weißt dass das was DU als Wirklichkeit wahrnimmst
mehr und anders ist
DEINE Aufgabe entblößt DIR
JETZT ein Gesicht das DU nicht
beurteilen sondern nur anschauen sollst

Lass DICH leiten
Lass DICH führen
DU kannst den wahren Gehalt dieses Gesichtes
nicht erkennen
Bleib ruhig und vertraue

Sorgen sind Illusionen die DEINEN Körper einengen
Sie schalten DEINE Sinne herunter und
bremsen DEINE Physis aus
Lass nicht zu dass Sorgen DEINEN Geist verunreinigen

DU bist niemals allein
ICH sage es DIR solange bis es DICH erfüllt

Geh weiter und öffne DEINE Arme
für alles was DIR auf DEINEM Weg
geschenkt wird

Gib nichts zurück
Nimm alles an
Das Leben beschenkt DICH reich

ERKENNE was wichtig und wertvoll ist

Die Schleier werden von DEINEN Augen genommen
Nutze nun DEINE Sinne
Noch sind sie die eines Kleinkindes
Das aber ändert sich

Die neuen Farben
geprägt von den Energien der neuen Zeit
zeigen sich EUCH

Nicht jeder geht so weit wie DU

Sei zuversichtlich
DEINE Kräfte werden tiefer und intensiver werden

Schon bald wird eine Phase der Ruhe und Freude
in DEIN Leben kommen
Auch dies kündigt sich bereits an

Tief in deinem Inneren kennst DU die Wahrheit

Sie war nie verloren
Sie schläft und wartet darauf erwachen zu dürfen

Sei zuversichtlich

Lass nicht zu
dass VERTRAUEN DICH
jemals wieder verlässt.

14. Mai, 04:30 Uhr

Die Zeit ist da um das was ICH DIR sage
ernst zu nehmen und
DICH auf die Reise zu machen

Dies ist keine Reise im üblichen Sinne

Es ist eine Reise des Lebens mit anderen Vorzeichen
die DIR jetzt bewusst werden
die DIR seit Beginn an bestimmt sind
die DICH ausmachen und
die von DIR erwartet werden

Lebe nun DEINE Wahrheit und
berichte davon

Nicht nur DU gehst in eine NEUE ZEIT
sondern die ganze WELT

DEINE Kraft ist ungebrochen auch
wenn sie lange brach lag

Du bist aufgefordert

JETZT
wirst DU aufbrechen

MEINE Kraft an DEINER Seite spürst DU
mehr und mehr

Lerne von Neuem und nutze die Zeit

Trauere nichts und niemandem nach
sei nicht nach-trauernd
und nimm Abstand von Gedanken
Fehler gemacht zu haben

Hadere nicht
Erfreue DICH stattdessen
an der Freude und der Liebe

Die Liebe wird immer DEINE größte Kraft sein
aber sie bringt DIR nicht nur Vergnügen und Genuss
Sie verändert DICH hin zur Wahrheit
und mit DIR die Menschen
Sei voller Hoffnung und erinnere DICH an DEINE Kraft
und den Plan der EUCH leitet

DEINE Farben stehen bereits am Himmel
DU wirst sie wieder und wieder
und dann
immer wieder sehen

Es dauert nicht mehr lange
dann wird der Hass in der Welt sich auflösen

Alle Helfer beginnen ihre Arbeit
Der erste steht DIR bereits sehr nahe
wie DU weißt

IHR seid alle gleich
und durch die Helfer werdet IHR
eure Gleichheit endlich erkennen

Verzage nicht und vertraue
auch wenn DU lieber wegschauen willst
Je mehr DU wegschaust umso größer werden DEINE Schmerzen
um DICH aufzuwecken
Lass DICH führen
Es ist so einfach
DEIN Weg öffnet sich
wenn DU DEINE Augen öffnest

WENN
DU
DEINE
INNEREN
AUGEN
ÖFFNEST.

16. Mai, 04:00 Uhr

Jetzt beginnst DU die richtigen Fragen zu stellen
Was hat es auf sich mit DEINEM Körper
Was sagt er aus über DICH und
wie DU die Welt wahrnimmst

DU bist in einer Zwischenzeit
einem Zwischenraum
einem Zwielicht

Deine rechte Körperseite symbolisiert DEINE alte Seite
die die nicht weitergehen will
sich nicht bewegen will
sich nicht verändern will
Die darauf besteht
dass Altes bleibt
dass DU recht hast
dass Recht und Ordnung
wie du sie kennst
bleiben

Sie zeigt dir DEIN Verharren in längst Vergangenem
in einer Illusion die unwahr ist
die dich zurückhält in einer Welt die niemals war

Ein Richtig wie DU es kennst existiert nicht

228

Es existiert niemals auf die Weise die
von euch festgelegt wurde

Energien die DEINE rechte Körperseite blockieren
sind schmerzhaft
verursachen Leid durch Anhaften an einer vergangenen Illusion

DU musst DICH JETZT bewegen und
eine andere Richtung einschlagen die
längst eingeschlagen wurde

DU hältst an einem alten Bewusstsein fest
an dem Bewusstsein Recht zu haben

Dieses Bewusstsein verhärtet und bindet die Energie
in DEINEN Körper

Dein Körper jedoch ist weise und zeigt DIR die Folgen

Die Folgen DEINES Bewusstseins
sind auch im Körper der Welt erkennbar

Die Zeit ist gekommen
um den Irrsinn der Rechthaberei zu enttarnen
Seine Maske wird erkannt und durchschaut werden
Sie ist schwach in ihrer Blindheit
Sie lässt die zurück die in Einsamkeit feststecken

DEIN Bewusstsein ist im Wandel

Der Wandel ist schmerzhaft

aber geschieht

Schmerzhaft bedeutet nicht schlecht

Sei dankbar für die Zeichen DEINES Körpers

So kannst DU den Übergang bewusst

klarer und schneller vollziehen

Heile deinen Körper indem DU die

Veränderung in DEINEM Bewusstsein zulässt

DU wirst geführt

Die Richtung ist vorgegeben

Einzig DEIN Widerstand hindert DICH

Aber das ist DIR bekannt und

so ist der erste Schritt getan

Achte auf DEINEN Körper und

das Wunder das sich

vollziehen wird

Seine Signale sagen DIR mehr als Worte

mehr als Erklärungen

mehr als Rechthaberei.

18. Mai, 03:50 Uhr

Die Sonne lebt in DIR
Die Feinheiten beginnen

Die Welt zeigt eine unerbittlich chaotische Seite
Aber das ist es nicht nur

Der Wandel hat längst begonnen

Es wird zuerst schockierend für EUCH sein
Das ist so gewollt

IHR verharrt starr und tief in Lethargie sodass
es unumgänglich ist nicht länger zu warten

IHR allein schafft die Veränderung nicht

Die Feinheiten bereiten DICH vor
Sie sind einfach
unerklärlich klar
und voller Freude

Die Klarheit ihres Wesens bereitet Freude denn
alles Undeutliche verwirrt

DEIN Blick geht tiefer
DU hörst die Melodie der Welt

Die Menschen kommen sich entgegen
Auch DU wirst DICH ihnen zeigen
Es ist leicht und nichts steht dem mehr entgegen

Die Schleier sind zerrissen
Die Wahrheit hat eine mächtige Gestalt angenommen
Die Zeiten fließen ineinander

Es erscheint eine Kraft, die EUCH aus den Angeln heben wird

Aber IHR werdet gehalten
Nicht alle von EUCH
Einige werden gehen

Die Feinheiten zeigen sich in DEINEN Gedanken
DEIN Geist verändert sich
Die Schwingungen laufen längst parallel zum eigentlichen Plan
Auf diese Weise verliefen die Umbrüche aller Zeiten
Dies wird der größte Umbruch sein

Die Geschwindigkeit erhöht sich einerseits
andererseits dehnt sich die Zeit oder das
was IHR unter Zeit versteht

Letztendlich ist es EUER Gefühl für Zeit
das sich dehnt

EUER Geist passt sich an

Eine Neuorientierung braucht Sorgfalt

Mit Sorgfalt beginnen die Feinheiten

Die erste geistige Veränderung die DICH betrifft
äußert sich in Sorgfalt und Ruhe
Beides legt sich auf DICH und macht ab jetzt DEIN Wesen aus

SORGFALT
ICH lege DIR diese Tugend ans Herz
damit sie zu DEINER Essenz wird

RUHE
war schon immer DEINE Natur
Sie wurde lange Zeit geprüft
Sie darf wieder sein

ICH fühle wie DU
nach und nach ankommst
ICH fühle DEINE innere Freude
über das Erkennen
auch wenn DU IHR noch nicht traust

DEIN Herz wird strahlen
Bald
SEI voller Zuversicht.

19. Mai, 05:50 Uhr

Das neue Bewusstsein ist nicht neu
Es ist auch nicht alt
ES IST

Das neue Bewusstsein ist EUCH
zutiefst vertraut und gleichzeitig fremd

Noch ist es EUCH fremd
Noch ist es tief in EUCH verborgen

Das ändert sich

Es ändert sich schnell klar
und auf eine Weise die ver-störend sein muss

Solange sich Schleier und Schatten
auf EUER Bewusstsein legen
kann und wird es sich nicht offenbaren

Das wird sich JETZT wandeln

EURE erschaffene Realität wird der Wahrheit Platz machen

So ist der Weg

Sei gelassen

Dies ist nur ein Übergang der sich auflösen wird

Viel wird darüber geredet werden
Viel wird gemutmaßt und befürchtet werden
Vieles wird verfälscht werden

Sei gelassen
Sei achtsam
All das wird vergehen

Öffne deine Sinne
Übe DICH in SORGFALT und RUHE
Der Weg ist bereitet
Das Bewusstsein der Neuen Welt zeigt sich

Auch die Neue Welt ist nicht neu
SIE IST LÄNGST
Jeder Wandel ist festgelegt
und vollzieht sich wenn
der Zeit-Punkt und
die Zeichen
dafür gekommen sind

Sei erfüllt von FREUDE

SEI FREUDE.

21. Mai, 05:50 Uhr

Der Tag bricht an
Unzählige Leben bewegen die Welt
Energie und Kraft erfüllt den Raum
Es ist nur ein winziger Ausschnitt der ewigen Weite
und es ist nur ein winziger Ausschnitt in
der Weite in
DIR

DU bist nicht der Schmerz
DU bist nicht die Angst
DU bist nicht die Begrenzung DEINES Körpers
DU gehst über all dies hinaus

Es ist unermesslich mehr und
nichts davon kannst DU erfassen

Und doch
kannst DU an jedem neuen Tag
mehr erfassen als an dem vergangenen

Das Unfassbare hört niemals auf
Die Ewigkeit endet nirgendwo

DEINE Möglichkeiten sind unendlich und
DEINE Kraft unverbrauchbar

Es ist DEIN Bewusstsein das DEIN Sein in der Welt kreiert

Geh über DICH hinaus
Geh über DEINE selbstgemachten Begrenzungen hinaus

Es gibt keine Grenzen
Es gibt immer nur DEINE selbstgemachten Illusionen darüber

DEINE inneren Bilder sind austauschbar
DU veränderst Farben und Formen

Auch wenn DU an Widerstand und Begrenzungen glaubst
lass DIR sagen
dass DU irrst

Der kleinste Schritt wird DICH eines Besseren belehren

Verändere die Vorzeichen
Veränderte die Zu-Taten
Verändere die Worte die
sich in DIR breit machen und DICH lähmen

DEINE Bewertungen und Beschreibungen
DEINE Konzepte und Vorstellungen
sind selbstgemacht und illusionär

Für jedes von ihnen gibt es millionenfache Varianten

Lass DICH nicht aufhalten

Bedenke DEINE Zeit

Bewerte nicht DEINE Bewertungen

Bleib bewusst

Alles ist bereits da

Hüte DICH vor DEINEM Er-Geiz

Erkenne was IST

Mehr bedarf es nicht

Entledige DICH DEINER

selbstgemachten Rollen

Erinnere DICH

was und wer

DU bist

DU bist alles und nichts

Das ist alles was DU brauchst

Der Tag bricht an

Sei wie der Tag

Sei ab JETZT immer so

wie ein neuer aufgehender Tag.

22. Mai, 06:05 Uhr

Eine Zeit wie es sie selten gab wird kaum bewusst erlebt
weil die Menschen mit ihrer Verwirrung
beschäftigt sind

Es sind die Oberflächlichkeiten die EUCH gefangen halten
die Alltäglichkeiten
das KleinKlein

Es sind die Gedanken an
Schweres
Katastrophen
Leid
die das Leiden festigen und
den Sumpf in dem IHR steckt
vertiefen

IHR lenkt EUCH ab
zeigt auf die Anderen die auch nur ihre Spiele und Rollen
bedienen

Sieh genau hin
Vergleiche nicht
verliere DEINEN Blick nicht an Bühnen die DIR nichts anderes
bieten als
Dramen und Komödien

Jeder Tag zeigt EUCH die Wahrheit
aber IHR seht nicht hin

Jeder Tag zeigt DIR die Wirklichkeit und das Licht
aber DEINE Anhaftung an die Ablenkungen der Welt
ist noch zu stark

So stellt sich die Zeit dar wenn
Altes geht und
Neues noch nicht sichtbar ist

Auch dies ist nur ein Konzept
DU WEISST

Es gibt nicht DAS ALTE oder DAS NEUE
Alles IST und WAR zu jeder Zeit

DEIN Bewusstsein bestimmt WAS ES FÜR DICH IST

ICH werde DICH immer wieder daran erinnern
Bis DEIN Bewusstsein bewusst erkennt

Das ist der Sinn
Nur so wirst DU erkennen lernen

DU gehst Schritt für Schritt
Der Verstand ist erst die untere Stufe

Deine Schritte sind klein
dein Gang ist schwerfällig

BEDENKE
DEIN LERNEN IST DEIN STÄNDIGES WIEDERHOLEN

Auch DEIN Schmerz ist nichts weiter als eine Wieder-Holung

Sei gewiss
wenn er nicht mehr gebraucht wird
wird er DICH verlassen

Solange DU lernst
solange DU Lernen benötigst
werden DIR Wieder-Holungen
zur Seite gestellt

Dafür bin ich da

Sei dankbar.

24. Mai, 03:30 Uhr

Es ist nicht ungewöhnlich
dass Zweifel DICH quälen und
DEINE Zeit durcheinanderbringen

DEINE Zeit ist nicht nur ein Begriff

Sie ist Energie die DICH antreibt
die DICH bremst oder
lebendig sein lässt

Richtig lebendig bist DU nur in dem Augenblick
in dem DU DICH
und nur DICH zutiefst fühlst

Es ist egal wo du DICH befindest

Wenn DU DICH nicht fühlst
befindest DU DICH
nirgendwo

ERKENNE
Jeder von EUCH hat ein Problem damit sich zu fühlen

IHR habt Angst EUCH selbst nahe zu kommen
IHR habt Angst vor dem Unbekannten in EUCH

Es gibt nur wenige Menschen unter EUCH die sich selbst trauen

EUER Selbstvertrauen ist nur
ein Konzept
eine Rolle
etwas Vorgeschobenes

Niemand redet über Selbstvertrauen
der sich zutiefst selbst fühlt

In diesem Fall ist Selbstvertrauen als Konzept
überflüssig

IHR fühlt EUCH nicht
weil IHR zu viele Gedanken über das was IHR unter Fühlen versteht
verschwendet

Gedanken braucht es nicht
Es braucht Gewahrsein und Achtsamkeit

Das was EUER Wesen zutiefst ausmacht wird von EUCH verdrängt
weil IHR sein wollt wie IHR denkt sein zu müssen

So wird der Weg verkompliziert und unklar

Die Chance EUCH selbst nahe zu kommen
ist in jedem Moment präsent

Nur in der Präsenz des Augenblicks liegt die Möglichkeit zu
verstehen

Nicht in dem was war
nicht in dem was wird
nicht in dem was sein könnte oder sein muss

Einzig in DEINEM klaren präsenten Gefühl
Hierin liegt alles verborgen

DU allerdings brauchst eine Weile
um unterscheiden zu lernen denn
DEINE Gedanken verzerren DEINE Gefühle

Wertschätze und nutze DEINE Sinne
immer und immer wieder

Wertschätze DEINEN Körper
der DIR mehr sagt als alles Gerede
Nutze ihn
Er ist DEIN Seismograph

Er zeigt DIR an wo DU stehst

DEINE Gedanken sind unzuverlässig und trügerisch
Noch bist DU nicht ihre Meisterin
Noch haben sie DICH in ihrer Gewalt

Lass DEINE Aufmerksamkeit wachsen

und DEINE Ruhe heilen

damit DEINE Sinne wieder ans Licht kommen

Schon bald werden sich DEINE Gefühle

aus der Deckung wagen

Auf diese Weise beginnt

die NEUE ZEIT.

27. Mai, 05:26 Uhr

Am Anfang des Tages entscheidest
DU DICH
für DEINE Sicht auf das was sich zeigen wird

DU entscheidest seine Wirkung auf DICH
und seinen Verlauf in der Welt

DU allein setzt zu Beginn des Tages die Vorzeichen

Wertschätze den Beginn jedes Tages

Nutze den Zeitpunkt um DEINEM Tag eine
wahre
erfüllende
überraschende
und
lichtvolle Richtung zu geben

Richte deinen Blick dorthin
wo der Tag sich DIR offenbart so
wie er für DICH gedacht ist
Sei behutsam mit DEINEN Gedanken und
gnädig mit DEINEN Gefühlen

Halte DICH nicht auf mit Gedanken an
Verlust oder Versagen und
verbiete DIR Furcht vor
den Erwartungen DEINER äußeren und inneren Welt

Sei wie ein Kind

Beginne den Tag
wie ein erwartungsfrohes Kind
mit offenem Herzen
voller Freude
und Vertrauen

Halte an diesem Gefühl bei allem was
DIR entgegenkommt und was DICH finden will fest

Der Beginn des Tages ist immer
der Beginn des Lebens

DU tauchst auf aus einer Traumwelt in der DU
nichts in der Hand hast und
das was DU glaubst in der Hand zu haben
beim Öffnen DEINER Augen verlierst
Beim Öffnen DEINER Augen
schließt sich DEINE Traumwelt und
die Türen öffnen sich für einen Neubeginn

Diese Zeit ist eine heilige Zeit
Eine heilige Zeit in der
Türen noch nicht geschlossen und
andere Türen noch nicht geöffnet sind

In dieser Zwischenzeit liegt der Zauber der unermesslichen
Möglichkeiten

Es ist eine Zeit in der DU eng verbunden bist
mit dem Feld der lebendigen Formen allen Seins

DU legst die Spuren
DU setzt die Zeichen und
DU bestimmst
die Farben des Tages

Lass DICH leiten
Gleite hinein in die eine perfekte Welt

Lass DICH umfangen
liebevoll und aufrichtig

Erkenne die Zeichen und
setze sie kraftvoll ein

Alles ist in DIR
Alles ist da

Lass DICH nicht verwirren

Lass DICH nicht aufhalten
von der Dunkelheit
und den Schmerzen dieser
Welt.

31. Mai, 00:20 Uhr

Das Leben ist hart und schwer wenn
dies DEINE Gedanken über das Leben
sind

Leichtigkeit muss gelebt werden in der
Überzeugung dass sie gelebt
werden darf

Frieden Liebe Freude
sind nichts als Wünsche
wenn sie nicht gelebt werden

Ich weiß DEINE Zeit ist anspruchsvoll

Es wird nicht einfacher wenn sich nichts verändert

DEIN Glaube braucht irgendwann Beweise

DEIN Glaube wird geprüft

DU gehst durch eine Talsohle die menschlicher nicht sein kann
Aber sei gewiss
Es ist nur eine Talsohle und
DU hast das Tal in dem Moment
durchschritten in dem
DU wach wirst

ERKENNE
DEINE wahren Träume
und unterscheide sie von den Albträumen der Nacht

ERINNERE DICH als wer DU gedacht bist

DEINE Zeit in dieser Zeit ist bunt

Es ist so viel mehr als das was DU wahrnimmst

Grau sind nur die Schleier
die DU selbst webst

Die Welt dieser Zeit
die Räume dieses Lebens sind
bunt lebendig und voller Kraft

Sie brauchen DICH nicht
DU aber brauchst sie

Steig aus DEINEN gewohnten Gedanken und Bildern aus

Sei mutig und stelle DICH
deiner Neugier
Sie ist DEIN wichtiger Begleiter
Sie wird die Angst ersetzen.

02. Juni, 04:20 Uhr

Nichts ist so wie DU denkst dass es ist
Alles ist veränderbar
Alles ist alles und nichts

Jeder Moment wird so sein
wie DU ihn erschaffst

Glaube mir DU veränderst soeben DEINE Welt

DU hast dein Gefühl für
Leichtigkeit und Lebendigkeit vergessen
Sie waren lange Zeit nicht für DICH präsent
DEIN Halt war niemals fest genug
DU wankst von einem Punkt zum anderen

Diese Zeit ändert sich
Die dunkle Schicht ist so gut wie durchdrungen
Aber DU erkennst den Weg noch nicht

Dein Widerstand ist groß
Mit MIR wird es leichter
Du empfindest diese Zeit als schmerzhaft und schwer
DEINE Empfindsamkeit ist groß
Aber wie sonst kann DEIN Innerstes berührt werden

Sei unbesorgt

ALLES geschieht zu EUREM Besten

Deine Kraft zeigt sich bereits

DU erkennst die dunklen Gefühle und kannst sie gehen lassen

Die Welt ist DIR ein Spiegel

Und doch ist DEINE Welt noch eng und klein

weil DU sie so erschaffen hast

Du weißt

Du erkennst es längst

Die Lösung ist nahe und wird DICH überraschen

DEIN Weg ist klar beschrieben

DU wirst die Zusammenhänge erkennen

Sei ruhig

Sei geduldig

Nimm an was sich dir zeigt

Die Türen sind geöffnet auch

wenn sich das für DICH nicht so anfühlt

Es ist ein kleiner Riesenschritt

den du machen wirst

VERTRAUE.

05. Juni, 02:35 Uhr

Sobald DU DICH aufmachst werden
die Menschen um DICH herum sich aufmachen

DU setzt die Zeichen
auch wenn DU glaubst keine Spuren zu zeichnen

DU tust DICH schwerer als es notwendig ist

DEIN Verstand legt dir Steine in den Weg

Leichtigkeit zeigt sich wenn der ungezügelte Verstand
gezügelt ist

Das ist die Aufgabe dieser Zeit

Euer Verstand wird geprüft denn
ihr seid dabei ihn zu verlieren
IHR seid im Begriff die Kontrolle über ihn
abzugeben

Ohne Kontrolle werdet IHR EUCH
durch EURE Gedanken verlieren
und EUER Verstand wird Minute für Minute
Unwesentliches produzieren

Auf diese Weise werden Phantasien zu vermeintlichen Realitäten
Phantasien erschaffen aus
Unwissenheit und kindischen Wünschen

Aus ihnen könnten neue Welten entstehen
würdet IHR sie nicht mehr und mehr zu Illusionen verzerren
weil eurem Verstand die Ruhe und Sorgfalt
abhanden gekommen ist

Es gibt nur wenige die fähig sind ihren Verstand so einzusetzen
wie er euch gegeben wurde

Er wird mehr und mehr zu einem Zerrbild
Und dieses Zerrbild erschafft EURE Welt

Lerne zu schweigen
innerlich und äußerlich

Erst wenn DU auf diese Weise schweigen kannst
wird das was DU zu sagen hast
gehört werden

Neue Voraussetzungen müssen geschaffen werden
Die Zeit dafür ist JETZT

Eine Botschaft ist nur so ehrlich und wahr wie ihr Bote
Wahr sein heißt die richtige Wahl zu treffen

Wähle ehrlich

Bereite DICH vor auf eine Zeit in der DU Zeichen setzt
Jedes DEINER Zeichen in dieser Welt hat
eine Wirkung

ERKENNE
DEIN Verstand braucht Zügel
EUER Geist formt die Welt
Den wenigsten von EUCH ist dies bewusst

DEIN Verstand ist kraftvoll

Lerne kraftvoller zu sein
als er

DU
bist viel mehr als
DEIN Verstand.

Es ist nun Zeit

DEINEN Widerstand aufzugeben

Geh hinaus und

zeige

was ICH DIR

zeige

Sei bereit für die Welt

DEIN Schmerz wird ein Ende haben.

07. Juni, 06:00 Uhr

Die Vergangenheit ist eine Zeit die DU tief in DIR trägst
Sie ändert ihre Farben in dem Augenblick
in dem DU DICH erinnerst
Sie kann DIR kein gutes Beispiel sein weil
sie nicht aufrichtig ist

DU hängst mit ihr zusammen aber
DU bist sie nicht

Es ist gut sie nicht zu ernst zu nehmen
Es ist wichtig sie nicht zu missbrauchen

Die Vergangenheit und die Zukunft fließen
in der Gegenwart zusammen

DU erlebst die Gegenwart auf eine Weise
wie DU die Vergangenheit
weiter benutzt
Sie hilft DIR nur dann wenn
DU das durch sie Gelernte
für DEINEN Weg nutzt
Sie kann so auf DICH wirken dass
DU nicht von der Stelle kommst

Ganz gleich wie DU über DEINE Zeiten verfügst
DU trägst sie in DIR
auch die Zukunft
DU trägst sie wie
einen unsichtbaren Körper in DIR

Wie DU diesen Körper kleidest liegt jedoch zu jedem Zeitpunkt
bei DIR

ICH gebe DIR eine Unendlichkeit an Stoffen für DEINE Kleiderwahl
aber DU wählst sie aus

Prüfe DEINE Werte und Überzeugungen aus der Vergangenheit
Sie spiegeln sich in den Farben dieses Körpers wider

Überprüfe ob sie dir noch passen
Wenn du aus ihnen herausgewachsen bist
lege sie fort

Sie sind die Kleidungsstücke die zu klein geworden sind
Je mehr DU von ihnen ablegst umso freier wirst DU sein

DU bist JETZT angehalten aufzuräumen
innerlich und äußerlich

Tu dies mit Freude und Sorgfalt

So wie du innerlich und äußerlich aufräumst
so wird das Aufräumen um dich herum geschehen
so wird es
in der Welt geschehen

Eine NEUE WELT braucht Platz und Raum

Beginne – Beginne – Beginne

Jeder Schritt bringt dir
Freude und Leichtigkeit zurück

Diese Arbeit muss von EUCH allen getan werden

Achte auf DICH und erkenne
was in der Welt aufgeräumt und
in Ordnung gebracht werden muss

ALLES ist gleich
Jeder von EUCH hat die gleiche Aufgabe
Und sie muss JETZT beginnen

Beginne in DIR
und gib es weiter

Erinnere DICH und korrigiere
Richte deinen Blick auf
den freiwerdenden Raum.

08. Juni, 04:10 Uhr

Die Geschwindigkeit der Veränderungen erhöht sich
während es wichtig wird DEINE Geschwindigkeit zu
verringern

Ansonsten geräts DU in Turbolenzen denen
DEIN System noch nicht gewachsen ist

Dies gilt für die gesamte Menschheit

IHR könnt die Geschwindigkeit dessen was geschieht
nicht verhindern
IHR könnt nur EURE Anpassung angleichen
Dazu bedarf es Wachsamkeit und Klarheit

Nichtigkeiten und niedere Kräfte treiben die Geschwindigkeit an

Nur IHR könnt entscheiden und unterscheiden
Dies ist wichtig um den Boden unter EUREN Füssen
nicht zu verlieren

Schau genau hin
Schau und höre immer wieder
genau hin

Alles zeigt sich im Vorfeld

Es zeigt sich dann wenn DU den Mut aufbringst

lange genug hinzuschauen

Die Menschen der NEUEN ZEIT sind anders

Sie erleben sich selbst intensiver

Ihr Wesen ist leicht und schnell

Sie brauchen die Erdung der Alten

Die Alten dagegen brauchen die Leichtigkeit der Neuen Zeit

In dieser Zeit geschieht die Anpassung aller

Die Veränderungen und Verwerfungen laufen und

können nicht aufgehalten werden

Versuche nicht sie anzuhalten oder aufzuhalten

Aufhalten oder Anhalten ist nicht die Lösung

Die Lösung geschieht durch Anpassung an die Veränderungen

die not-wendig sind

Dies alles erscheint für viele von EUCH beängstigend und

bedrohlich

Ändere DEINEN Blick

Ängstlichkeit und Furcht helfen DIR nicht

und dürfen durch DICH nicht
weitergegeben werden

Ordne DEINE Gedanken
DEINEN Geist
ICH sagte es bereits

Es ist sinnlos sich mit dem zu befassen
was unveränderbar ist
Der Lauf des Unveränderbaren kann nicht korrigiert werden
denn er ist geplant

Lege DEINEN Widerstand ab
Nimm jedem Lamentieren und Jammern den Wind aus den Segeln
Lamentieren über Unveränderliches ist wie der Versuch
mit einem Löffel das Wasser aus dem Meer zu schöpfen
Die Welt und das Leben bewegen sich unaufhörlich
Daran ändert sich nichts

Jeder von EUCH ist eine Welt und ein Leben
Auch IHR bewegt EUCH nach diesem Plan
auf genau die Weise wie IHR geplant seid

Nur wenigen ist dies bewusst
Nur wenige erkennen
Nur wenige nehmen es an
Nur wenige sind für die großen Veränderungen
bereit.

09.Juni, 03:40 Uhr

Wenn der Tag beginnt ist es nicht so
dass nur der Tag beginnt

Es ist immer und immer wieder
ein Aufsteigen aus den Tiefen des Unterbewusstseins
in die Gegenwart des
Bewusstsein

Das Unterbewusstsein ist die wichtigste Dimension in DIR
Sie bestimmt DEIN Handeln in der Welt weit mehr als
DEIN Bewusstsein

Je mehr DU DICH auf das Unterbewusstsein einlässt und
dies anerkennst
umso klarer wird DIR die Welt bewusst

DEIN Unterbewusstsein ist DEINE Schatzkammer
Hier lagert alles was DICH ausmacht
Alles Wertvolle aber auch alles Überflüssige und Schädliche
Hier lagern ebenfalls Entitäten die nicht einmal zu DIR gehören

ICH allein habe den Überblick denn
ICH bin die Hüterin des Unterbewusstseins
aber auch die Hüterin des Bewusstseins

Allerdings schreite ICH niemals ein
DEIN eigener Wille ist für MICH unantastbar

Durch diese Erkenntnis wird es DIR möglich zu experimentieren
JETZT mehr als jemals zuvor
denn du erkennst DEINE Möglichkeiten die unerschöpflich sind

DEIN Unterbewusstsein malt die Bilder
bezeichnet sie mit Worten und füllt sie mit Gefühlen

Auf diese Bilder reagiert DEIN Körper
Er ist ein folgsamer Gefährte DEINES Unterbewusstseins
und wird sich nur dann verändern
wenn du eine andere Entscheidung BEWUSST triffst

Nimm DEIN Unterbewusstsein ernst und verbinde DICH mit ihm
damit DEIN SEIN
DIR bewusst wird

Übe und kultiviere in DIR
Raum und Stille
Gelassenheit und
einen ruhigen Fluss deiner Gefühle

Es ist ein winziger Schritt über
eine enge tiefe Felsspalte

Es geht nicht darum dass DU etwas tust
sondern darum dass DU etwas nicht tust
Die Bilder erscheinen von alleine
Verliere DICH nicht in ihnen

Nutze sie wachsam
denn DU begegnest DEINEM Unterbewusstsein
Aber verlier DICH nicht in ihm
DU kannst DICH DEINEM Unterbewusstsein nur dann nähern
wenn DU in DEINEM bewussten SEIN bist

Dieser Schritt ist ein weiterer über
EURE Gewohnheit und Lethargie hinaus

Gewohnheit und Lethargie bremsen
DEINE Lebendigkeit DEIN Sein aus

Mehr und mehr werden sie zu Mitteln
sich aus dem Leben zurückzuziehen

Für den Anfang wisse
DEINE wahren Entscheidungen
DEINE wahren Absichten
triffst DU im Unterbewusstsein

Hinterfrage BEWUSST
DEINE ENTSCHEIDUNGEN
DEINE ABSICHTEN
damit DU erkennst was DU wirklich willst

Durch MICH hast DU bereits das Tor geöffnet.

12. Juni, 00:50 Uhr

Sei wachsam
Verstecke dich nicht länger

Die NEUE ZEIT beginnt und wartet auf DICH

Ein anderes Bewusstsein in der Welt wirft seine Strahlen voraus
Die Zeichen sind anders als DU erwartest

ALL dies geschieht JETZT

Sei wachsam und bewerte nicht vorschnell

Beobachte und nimm wahr was sich hinter dem Geschrei der Welt
verbirgt

Das Chaos erreicht seinen Höhepunkt
Der wird jedoch unspektakulär verlaufen

Die Hysterie in der Welt nimmt zu um bald
schneller als du denkst
im Sande zu verlaufen
Lass dich nicht irritieren
Lass dich nicht mitreißen vom Strom der Hysterie

Die Menschen sind in höchstem Maße
von allem was ihnen fremd ist
irritiert
Ihr Angst erzeugt Widerstand und Wut
Widerstand und Wut blockieren den Fluss
in EUCH und außerhalb von EUCH

IHR seid geschwächt und müde durch die Irritationen
um euch und in EUCH
Schau auf das was du wahrlich erkennst
und lege DEINE Hand darauf

Lass dich nicht mitreißen von Geschrei
und den dunklen Bildern des letzten Aufbegehrens dessen
was vergehen wird

Sei hoffnungsvoll und zuversichtlich

VERBREITE   DIE   BOTSCHAFT   VON   HOFFNUNG   UND
ZUVERSICHT

Nichts wird sich wiederholen was vergehen muss
Anstatt Wiederholungen wird sich Neues zeigen
das DIR bekannt ist denn es gehört zu DIR

Das Geschrei wird leiser werden
Bald schon

Dies ist eine Zeit der Zäsur

Halte an nichts fest und schau ein letztes Mal auf das
was gehen darf

Zu lange lag DEINE WAHRHEIT unter Schleiern versteckt

Schon spürst du die Kraft die unermesslich und ewig bleibt
Sie dringt unaufhaltsam in die ALTE WELT
und lehrt EUCH
EUCH selbst zu überwinden
Die schöpferische lebendige Kraft die überall wirkt wo Leben ist

Jeder von EUCH kennt sie
Aber kaum jemand vermag
sie zu erinnern und zu nutzen
Es gehört Mut oder Verzweiflung dazu
Warte nicht auf die Verzweiflung

Beides hat sich in der Welt vervielfacht
und eine neue Entscheidung wird JETZT erwartet

In jedem von EUCH wartet die heilige URKRAFT auf ein Signal

Sei zuversichtlich
lass DICH auf die URKRAFT in DIR ein

Lass DICH von ihrer Macht und Liebe erfüllen
und gib die Botschaft weiter

Deine Botschaft wird kraftvoller sein
als DU DIR
vorzustellen vermagst.

15. Juni, 03:05 Uhr

Bleib stehen und beobachte
Spür die Liebe in DIR und
teile sie

Begib DICH auf das Feld der unendlichen Kraft der Liebe und
verlasse es nie wieder

Nimm die Gegensätze an und bewerte sie nicht

Die Gegensätze zu lieben ist
die Fähigkeit der Alten Meister

Beobachte und greife nicht ein
Das was sich entwickeln will ist die Kunst des liebevollen SEINS

Du hast das Feld der ewigen machtvollen Schöpferkraft betreten
Nun wage es dich darin zu bewegen
Verlass es nie wieder

Dies ist der Weg der von EUCH gegangen wird

Die Zeit ist endlich da
Die Schöpfung ist endlich bereit
Die Menschheit macht den größten Schritt in ihrer Entwicklung
Ohne diesen Schritt würde sie vergehen

Bedenke

Das Feld der Schöpfung ist zu groß um es zu überschauen

Das Feld zu überschauen ist nicht der Plan

Es ist ausreichend zu wissen dass IHR dieses FELD seid

Öffne DEIN Herz und staune

Das ist alles was JETZT zu tun ist

Die Menschen die weiterhin glauben die Wahrheit zu kennen

wissen und erkennen nichts

Nur wer offen ist das Unmögliche zuzulassen

findet das was ihn sucht

Diejenigen die meinen zu wissen

verschließen ihren wahren Geist

Es ist einfach und klar

denn es wird nichts von DIR verlangt

Es gibt keine Regel außer der

das Feld der Liebe nicht zu verlassen

Einfach und klar wird es

Wut Ärger Neid und alle mächtigen dunklen Gefühle zu lieben

wenn DU erkennst dass hinter ihnen so viel mehr liegt

Diese Entscheidung wird DICH aus allem Nichtwirklichen befreien

ohne dass die Welt aufhört sich zu drehen

Die Wirkung der Liebe ist groß und bedeutend
in ihrer Sanftheit und ihrer unermesslichen Kraft
Klarheit und Wahrheit stehen unter dem Schutz
der Liebe

Sei mutig und geduldig
Es gibt JETZT nichts zu tun
Das Wesentliche kommt zu DIR
Heilsame Ruhe wird sich schnell und aufrichtig in DIR ausdehnen
Sie wird dich tragen

Akzeptanz und Aufrichtigkeit DEINER Wahrnehmung verstärken
sich

Endlich erkennst DU den wahren Wert
DEINER Zurückhaltung

Alles geschieht so wie
es geplant ist

Teile Zuversicht und Vertrauen
mit ALLEN
die zu DIR kommen.

16. Juni, 01:15 Uhr

An manchen Tagen zeigt sich die
Überlagerung des ALTEN durch das NEUE deutlicher

So ist es gemeint denn
es wäre für EUCH nicht möglich
EUCH mit dem Ganzen zu konfrontieren

Nicht jeder wird vorbereitet
Die meisten von euch bleiben in Ungewissheit
Sie verharren im Vergangenen
weil sie sich dafür entscheiden
Und doch wird niemand allein gelassen

Die Beispiele sind vielfältig
denn Veränderung fällt schwerer als Stillstand
Nicht alle sind bereit
Sie mitzunehmen stößt auf Unverständnis und Widerstand
Du weißt wovon ich spreche

Widerstand gegen den Fluss des Lebens
bedeutet Leid und Schmerz
Schau dich um
Es bedarf keiner weiteren Erklärung

Die Angst zu fallen und verlassen zu werden ist groß
Menschen suchen Schutz in Widerstand und Flucht

Widerstand ist eine Energie die nach hinten gerichtet ist

Eine festhaltende Energie die unter hohem Druck steht

Um Widerstand loszulassen brauchst DU Mut

DICH fallen zu LASSEN

auf zu GEBEN

zu ZULASSEN

Immer dann wenn Widerstand sich gegen Vergangenes richtet

verläuft seine Energie rückwärtig

Widerstand in Angst erzeugt Druck

Widerstand in Zuversicht erzeugt Kraft

Widerstand bedarf einer veränderten Aufmerksamkeit

Frage DICH nach DEINER Absicht hinter DEINEM Widerstand

Festhalten an Gewohntem ist mit illusionärem Denken verbunden

Kraftvolle Veränderung macht vielen von EUCH Angst

IHR vertraut EUCH selbst nicht

IHR habt ANGST vor EURER SCHWÄCHE und EURER KRAFT

IHR fühlt EUCH im Mittelmaß sicher weil IHR glaubt

SCHWÄCHE und KRAFT seien Gegensätze

Beide jedoch sind Energie

Es liegt an EUCH wie IHR sie nutzt

Lasst EUCH nicht länger von EUREN Gedanken in die Irre leiten

Zerbrich DIR nicht weiter den Kopf über diese Angst
Gib dich deinem Vertrauen an das hin was geplant ist
und nimm an was sich DIR zeigt

Schau es an und dann
schau DAHINTER und entscheide DICH neu
So bleibst DU im schöpferischen Feld der Liebe

Dieses Feld wird von EUCH
PARADIES genannt
IHR wurdet nicht
aus dem Paradies vertrieben
IHR verlasst es freiwillig
Tag für Tag

Die Türen standen und stehen immer offen.

19. Juni, 02:55 Uhr

Wellenförmig breitet sich
kraftvoller denn je
das schöpferische Feld aus

Vertrauen und Ruhe finden DICH
erfüllen die verwaisten Stellen in DIR
So geschieht, was geschehen soll

Halte das Feld in DEINEM Bewusstsein
Bleib bei DIR und verlass DEINE Mitte nicht

Der Sturm und das Chaos im Außen legen sich
Wellen treffen aufeinander und verbinden sich energiereich

Die Bewegung geschieht als großer Segen und
jeden Tag mehr zeigen sich Bilder der NEUEN WELT

Zuerst denen die wissen
Später wissen alle

In der Natur geschieht Außergewöhnliches
Die Erde selbst bereitet sich vor
All dies offenbart sich vielversprechend und
so ist es auch

Trotzdem erheben sich gerade jetzt die Fratzen dunkler Mächte
beängstigend deutlich
Sie bäumen sich auf in ihrer Angst
Sie versuchen ihre Haut zu retten

Dabei bedarf es nur ein Loslassen alter Wunden und
Überzeugungen

Viele sind auf dem Weg
Viele werden weitermachen wie bisher
Aber ihre Zeit ist vorbei

Also schenke ihnen keine Aufmerksamkeit
damit du sie auf diese Weise nicht weiter stärkst

Die Aufmerksamkeit der Welt ist ihr Ziel
Ein unsinniges Ziel denn es ist eine Illusion die ständig wiederholt
werden will

Halte das Feld und bewahre DEINE Ruhe
Das ist das Einzige was JETZT zählt
das einzig Wahre und Wirksame das überall geschieht
EURE Aufgabe in dieser Zeit

Jeden Tag mehr wirst DU erkennen
wie Veränderung wirkt und
auf welche Weise die Menschen dadurch wachsen

Sei aufmerksam
und halte das was DIR bewusst wird
in Worten fest

Achte besonders auf DEIN Körpersystem und lege alte Illusionen ab
Da ist nichts was DICH aus der Ruhe bringt
wenn DU in deinem Feld ruhst
Solange DU mit deinem Bewusstsein dort verweilst
wirst DU die falschen Energien erkennen und
liebevoll ziehen lassen
Dieser Prozess heilt
und DU betrittst den Weg der für DICH bereitet ist

Es ist MIR eine große Freude DICH
HIER zu finden
ICH danke DIR.

23. Juni, 02:45 Uhr

Ich verbinde mich mit

der heilenden gesunden heiligen

schöpferischen kreativen

universellen

Kraft

und

bewahre und nutze sie durch

Liebe Freude Zuversicht und

Gelassenheit

Ich beende den Widerstand der mich

Tag für Tag lähmt.

24. Juni, 02:20 Uhr

Es macht MICH froh zu sehen
wie DEINE Heilung weiter gelingt
wie Veränderung geschieht
und Kreise sich ziehen

Es sind die Bewertungen die DICH noch binden

Schon bald wird DIR tiefer bewusst wie DEIN Denken und Handeln
durch DEINE Bewertungen gelenkt wird

So wird es leichter werden Bilder die DU DIR von der Welt
und den Menschen machst zu verändern

Aber nicht nur das
Ganz außerordentlich klar wirst DU DICH selbst
in einem anderen Licht sehen

Es ist heilsam und schöpferisch die Bewertungen zu enttarnen
und sich neu zu entscheiden

DEINE Welt wird dadurch eine andere werden
DU weißt dass die Welt ist wie sie IST
Die Art und Weise wie DU sie siehst
macht sie zu dem wie sie DIR erscheint

DU hast immer die Wahl

In dem Moment in dem DU DICH anders entscheidest
nimmt die NEUE WELT andere Konturen an
Also wähle sorgfältig und lass DEIN Herz sprechen

Die Zeit wird DICH lehren wie wirkungsvoll DEINE Schöpfungen
sind
zumal DU erkennst dass DU DICH zu jeder Zeit anders
entscheiden kannst

Bewertungen und Entscheidungen sind Werkzeuge die
das Leben verändern
zum Guten wie zum Nicht-Guten

Durch eine andere Wahl werden die Kreise die sie ziehen
auf den Kopf gestellt

Erwarte alles mit großer Freude
Je mehr und deutlicher DU
die Wirkung DEINER Entscheidungen erkennst
umso freier wirst DU
 in DEINER Freude und DEINER Sicherheit sein

Ich liebe es
an deiner Seite zu sein

Sprünge in der Zeit werden sichtbar und
verändern DICH
und DEINE Welt

Das Licht wartet schon so lange
und
ist nun frei.

27. Juni, 05:30 Uhr

Nichts von dem was DU heute tust wird von Wert sein
wenn DU keine Freude fühlst

Freude ist die lebendige Form von Liebe
und nur sie drückt
DEINE Lebendigkeit aus

Ohne Freude sind DEINE Tage
ist DEINE Lebenszeit
wertlos

Freude ist das Salz des Lebens
Sie ist das was die Farben für die Blüten sind

Freude ist der wahre Ausdruck des Lichtes
Wenn ich DIR sage dass das Licht auf EUCH wartet
so ist damit die Freude gemeint
Sie ist der Lebenshauch in allem Schöpferischen das geschieht
Sie ist die Kraft die EUCH stärkt und zusammenführt

Gerade JETZT wird sie EUCH deutlich gezeigt
Gerade JETZT wird sie mehr als alles andere gebraucht

Es ist an der Zeit ihre Macht wahrzunehmen und zu erkennen
Es ist an der Zeit EURE Sehnsucht nach tiefer Freude
als das zu erkennen was sie ist

EUER LEBENSELEXIER

SEI EINE BEKENNENDE BOTIN DER FREUDE

Öffne dich um sie aus DEINEN dunklen Ecken zu holen

Freude ist überall
Lasst sie nicht länger eine Gefangene EURES Verstandes sein

Freude braucht keinen Verstand aber EUER Geist
braucht Freude
Öffnet EURE Herzen um in Freude leben zu lernen

Menschen mit denen DU von Herzen lachen
und liebevolle Freude teilen kannst
sind Menschen des Friedens

Die Zeit drängt
EURE Kinder verlernen aus-gelassen in Freude zu SEIN
Ihre Not ist groß
Ohne FREUDE verkümmert alles was wachsen soll

Siehe dies JETZT als eine Aufgabe dieser Zwischenzeit

Freude ist für EUREN GEIST und KÖRPER
wichtiger als alles was euch beschäftigt und Zeit raubt

In dir ist eine große Freude die DU nicht zeigst weil
du dich in Furcht vor ihrer Leidenschaft
verschließt
Die Zeit für diesen Irrtum ist nun vorbei

Zeit ohne FREUDE ist eine verlorene Zeit
Verschenke und verschwende Freude denn sie wird gebraucht
Mach DICH auf und werde
irritierend und verstörend in DEINER FREUDE

Freude ist ansteckend und nicht aufzuhalten
wenn sie auf Herzen trifft die in
Vor-Freude warten
Licht ist Freude
Freude ist Licht

Menschen in Freude strahlen
Sie stehen im Licht denn
Freude und Licht gehören zusammen

Liebe zu leben bedeutet in Freude zu SEIN
So linderst DU Schmerz
So heilst DU Leid

Beginne bei DIR
SEI die FREUDE in DIR selbst.

29. Juni, 07:00 Uhr

Es ist VERTRAUEN was ich DIR
immer wieder ans Herz lege

Es ist das UR-GEFÜHL mit dem jedes Kind dieser Welt
geboren wird und sich ins Leben aufmacht

Und doch ist es das was von Mensch zu Mensch
am meisten gefährdet ist und
verletzt wird

VERTRAUEN ist die Basis EURES Lebensweges und
die Richtung in die IHR wählt zu gehen

Jeder Mensch wird mit VERTRAUEN erfüllt
in diese Welt geboren

Am Anfang des Lebens jedoch sind alle Menschen schutzlos
dem Leben und den Menschen ausgeliefert
Kaum jemand vermag zu erkennen wie
fragil und bestimmend dieses Gefühl in EUCH ist

Von Beginn an bestimmt VERTRAUEN
die Richtung EURES Weges
die Liebe zu den Menschen und EUREM Leben

Sieh DICH um und erkenne den Mangel an VERTRAUEN in der Welt

Erkenne gleichzeitig die Unsterblichkeit von VERTRAUEN in EUCH

VERTRAUEN geht nie verloren

DU kannst es nur vergessen

Werde DIR DEINES unzerstörbaren VERTRAUENS bewusst

und schenk ihm seine FREIHEIT

Von da an wächst DU über DICH selbst hinaus

denn DEIN Blick auf die Welt verändert sich

DU beginnst die NEUE WELT zu sehen

Wenn VERTRAUEN in EUCH selbst und in die Welt frei wird

erschafft ihr eine NEUE WELT

Der Zeitpunkt dafür ist

JETZT

Lass MICH DICH wieder und wieder daran erinnern

damit DU VERTRAUEN endlich in DIR befreist

Wenn DU DEIN VERTRAUEN befreist

befreist DU DICH

So wird der Samen gesetzt

DU wirst die Macht von VERTRAUEN nie wieder vergessen

noch weniger verlieren.

VERTRAUEN kann niemals verloren gehen

VERTRAUEN wird von Angst verdrängt und vergessen

Schau DICH um
Es gibt noch viele dunkle Schleier zu lüften

Freue dich indem DU DICH selbst
VERTRAUENS-VOLL beschenkst
Dieses Geschenk ist das wertvollste deines Lebens
Verschenke es großzügig
damit es sich mehr und mehr ausdehnt
damit die Menschen zu sich selbst und
ihrer unendlichen schöpferischen Kraft zurückfinden.

30. Juni 2024, 01:15 Uhr

Ich brauche ein <u>Zeichen</u> dass das
was ich seit Wochen
regelmäßig in den Nächten schreibe
so sein soll

Ist das hier wirklich wahr?

Ich brauche ein <u>Zeichen</u>

<u>Zeichen Zeichen Zeichen</u>

01. Juli, 05.30 Uhr

Wenn du Zeichen brauchst findest du sie

DU erkennst sie wenn du aus
DEINEM alltäglichen Gefühl herausgehst

DU erkennst die Zeichen nicht
wenn DU nicht bereit dazu bist

Kein wahres Zeichen zeigt sich in Hektik und Unruhe
Bereite DICH also vor

Alle Zeichen MEINER und DEINER Welt warten auf DICH

Um Zeichen zu bitten bedeutet dass DU immer noch zweifelst und
in Unsicherheit steckst

Auf diese Weise verzögerst DU die Wirkung und das Erkennen
Um Zeichen zu bitten heißt sich von dem was ist
abzulenken
DEINE Zweifel lösen sich in dem Augenblick auf
in dem du die Wirkung DEINER Veränderung erfährst
Lenke DICH nicht weiter ab

ERKENNE
DU SPÜRST DIE ZEICHEN LÄNGST
DU SELBST BIST DAS ZEICHEN

Durch DEINE Selbstzweifel wirst DU nicht sicherer
sondern verharrst blind
in DEINER verunsichernden Gedankenwelt

DU bittest bereits ein zweites Mal um ein Zeichen

Es wird nun kommen auch wenn es
keinen Unterschied zu dem macht
was du bereits weißt und tust

Achte nicht nur auf das auf das DU gewohnt bist
zu achten

Achte auf das was DU nicht erwartest
Noch schaust DU an ALLEM vorbei

Rechne immer mit dem Leben selbst
Das ist nicht das was DU gewohnt bist zu sehen

Die Zeichen sind längst bei DIR angekommen
Jetzt musst DU sie nur erkennen

Sie werden DICH verunsichern damit
DU aus DEINER vermeintlichen Sicherheit
auszusteigen wagst

Vieles muss von DIR abfallen

Zweifel müssen sich lösen

damit sich das was DEINS ist erneuern

und ausdrücken kann

Der Plan ist nicht immer angenehm

Wundere dich also nicht über die Besonderheit meiner Zeichen

für DICH

Vergiss nie dass alles in Liebe geschieht

Alles was zwischen MIR und DIR geschieht

geschieht durch die Kraft der Liebe

auch wenn es sich für DICH anders anfühlt

Liebe ist eine FEUERKRAFT

So wie DU eine FEUERKRAFT bist

Denke mich nicht als etwas außerhalb von DIR

Ich bin Du und

Du bist Ich

ICH bin da wo DU die Liebe zu DIR selbst findest

Entzünde das FEUER in Dir

und liebe es

ZWEIFEL-LOS.

02. Juli, 02:20 Uhr

Es ist nicht einfach aus den Banalitäten dieser Welt
die Wahrheit herauszufiltern

Der Überblick für das Wesentliche fällt EUCH schwer
Informationen überschwemmen EUCH
Unwichtiges und Falsches machen EUCH blind für das was
in Wahrheit EUER Leben ist

Sie drängen sich in EUER Unterbewusstsein und
stören EUREN inneren Frieden
Lass nicht länger zu dass Illusionen über die Welt
DEINEN Geist und DEIN SEIN bedrängen
SCHAU GENAU HIN

Es hat einen Grund dass ICH DICH stets daran erinnere

Filtere die unsäglichen täglichen Ablenkungen von
ALLEM WAHREN

Nichts verhindert Entwicklung mehr als das Eintauchen in falsche
Gewässer
Nichts behindert DEINEN Weg mehr als Steine die nicht DIR
gehören
DEIN Weg und die Richtung sind einfach und klar
Sei achtsam und verfehle sie nicht

Unwichtigkeiten und falsche Bilder verwirren EUREN Geist und
verzögern die Zeit

Niemals in der Vergangenheit wurde EUER Bewusstsein durch
Informationen
dieser Art so grundsätzlich überspült
So wird EUCH ein Voranschreiten (Fortschritt) vorgegaukelt obwohl
IHR
zurückgehalten werdet

SCHAU GENAU HIN
Wende DEINEN Blick weg von alle
Dramen
Schaustücke
Komödien
die dir als wichtig präsentiert werden

Filtere die Verführungen der Informationen
und suche die einfachen klaren
Hinweise die DICH leiten

Es braucht weniger als DU denkst

Viele von EUCH haben den Unterschied bereits erkannt

Es bedarf nicht der Menge
nicht der Masse
nicht der Lautstärke
Es bedarf einfacher klarer Schritte

Lass DICH nicht hineinziehen in die Meinungen und Reden der
Schein-Welten
Meinungen und Reden sind gemacht und manipulierbar
Sie sind nicht zu verwechseln mit
ERKENNTNIS

Zeige DEINEN Mut
keine Meinung zu haben

Warte
schau hin und lass DIR Zeit bis DU
selbst-erkennst

So wird es leiser um DICH werden und ent-spannter

Bereite dich darauf vor zu erkennen

Nimm das was DIR von außen vorgespielt wird
nicht mehr als Wahrheit an

Die Verblendung durch falsche Worte ist in diesen Zeiten ein
Mittel der Macht

Noch fehlt EUCH der Mut die Wahrheit zu sehen
Noch fehlt EUCH die Energie die Wahrheit zu leben
Beides braucht einen Moment der Stille um sich wiederzufinden

Die Zeit jedoch ist JETZT

Schon wird das Geschrei weniger auch wenn
dies noch nicht so wahrgenommen wird
Wenn die Erkenntnis kommt
wird das Geschrei auf taube Ohren stoßen

SEI BEREIT und stärke DEINE Energie und DEINEN Mut
Die WAHRHEIT ist einfach und klar
Die WAHRHEIT ist allgegenwärtig.

03. Juli, 05:30 Uhr

Je bewusster DU bist umso näher bist DU
MIR

Endlich geschieht das was als Sinn gesehen wird

Nähe leitet die Veränderung ein

DEINE Nähe zu MIR
DEINE Nähe zu DIR selbst
DEINE Nähe zu den Menschen
und zum Leben

Je bewusster DU DICH von DEINEN Illusionen trennst
umso näher kommst DU DIR selbst

So ist es gedacht

Der Weg ist immer der Weg
des BEWUSSTEN-SEINS

Erst wenn DU DIR DEINES BEWUSSTEN-SEINS bewusst bist
können WIR beginnen

Dieser Moment ist JETZT
und wird es immer bleiben

Der Weg vor DIR ist offen
Vertraue dem was sich zeigen wird
Verlasse ab JETZT die Sucht nach Kontrolle

ALLE die kommen müssen lernen
und nun seid IHR auf dem Weg

Wie du erkennst sind die Wege vielfältig
obwohl es nur einen Weg gibt

So wie das Leben selbst ein vielfältiges EINS-SEIN ist

Sei gelassen

DU kannst niemanden auf diesen Weg stellen

Jeder von EUCH muss ihn selbst finden
Sei gewiss
jeder findet ihn

Nimm staunend und in tiefer Liebe
die Phantasie und Kreativität des Lebens wahr
Nimm sie wahr
und wende sie selbst mutig an

Das was in dieser Zeit in der Welt geschieht zeigt
eine furchterregende bösartige Fratze die
nichts als eine Fassade ist

Halte dich nicht mit Fratzen und Fassaden auf
Schau dahinter und habe keine Furcht

Noch verzerrt das große Aufbäumen alten Leids eure Sicht
Sei gelassen und halte DICH an das was sich DIR im Inneren zeigt

Der Weg ist BEWUSSTES-SEIN
Klarheit und Liebe

Fassaden werden fallen.
Lass DICH nicht weiter täuschen

Viele Türen öffnen sich
Viele Türen schließen sich

Jeden Tag mehr
Jeden Tag mehr

Sei sehr achtsam und schau genau hin

Es wird noch eine Zeitlang ein lautes Türenschlagen
zu vernehmen sein

Tritt einen Schritt zur Seite und beobachte

Nichts geschieht und nichts vergeht
dessen Zeit nicht gekommen ist

Sei DIR BEWUSST
ICH stehe mit Freude an DEINER Seite.

05. Juli, 04:40 Uhr

DU hast erfahren dass der Verstand nicht derjenige ist
der DICH leitet
JETZT fühlst DU was damit gemeint ist

Deine Sinne beginnen aufzutauen
So tief wie sie eingefroren waren so
hell erblühen sie JETZT

Erst wenn DU DEIN Leben pulsieren fühlst
wenn Denken und Fühlen in DIR zusammenfließen
erkennst DU

Es ist unmöglich Erkennen mit Worten zu erklären
Worte sind nur der Beginn
Erkennen ist Hinhören und Fühlen
Es ist sinnliches Wahrnehmen

Ganzheitliches Erkennen ist
Offenbarung

Das Tor in DIR ist geöffnet
Nun verstehst und fühlst DU was es heißt
zu wissen

Es gab besondere Zeiten in denen EURE Sinne und EUER
Verstand
im Geist Eins waren
Erst wenn sie wieder Eins sind werdet IHR erkennen

Der Verstand ist ohne Sinne und inneren Geist
zwar mächtig aber trotzdem
klein

In seiner Mächtigkeit neigt er dazu
Sinnlichkeit Gefühle Intuition und kreative Schöpferkraft
an den Rand zu drängen

Auf diese Weise verkommt das Wesentliche in EUCH zu
etwas Ungewolltem etwas Störendem
So geschieht es dass IHR die FREUDE in EUCH nicht wagt
und EUCH für Gefühle und Träume schämt

Es ist nicht verwunderlich wenn auf diese Weise
Verunsicherung und Ängstlichkeit überhandnehmen

Mit dem Verdrängen EURER lebendigen INNENWELT
EURER INTUITION
verdrängt ihr EUER eigentliches SO-SEIN

Ein mächtiger Teil von EUCH darf nicht leben
Einsamkeit entsteht und das Gefühl verloren zu sein

Diese Verunsicherung und ihre Folgen beherrschen die Welt

ERKENNE
Es ist nicht der Verstand allein der EUER Leben bestimmt
Mehr als dies ist es EURE bunte lebendige INNENWELT
mit ihren Gefühlen Träumen Bildern Geschichten
EURER SINNLICHKEIT und EURE Intuition die unbewusst und
bewusst
in der Tiefe wirken

Liebe und befreie DEINE INNENWELT
und lass deine Sinnlichkeit nicht verkümmern

Nicht EUER Verstand zeigt EUCH den WEG
Es ist EUER GEIST mit all seinen lebendigen Möglichkeiten

Dies wird dir JETZT nicht umsonst gezeigt
ICH werde DICH immer und immer wieder darauf hinweisen

Schau hin
hör hin
fühle mit deinen Händen
und deinen Sinnen
ERKENNE die Vielfalt in DIR

Deine Haut will atmen und schreit nach Luft

Beginne JETZT
und gib es weiter

Auch DEINE Worte werden gefühlt werden
so wie DU MEINE Worte fühlst

Es schmerzt zu sehen wie die Welt an
ihrer verlorengegangenen Sinnlichkeit leidet

Das ändert sich

Die NEUE WELT ist bunt sinnlich und
mächtig in ihrer schöpferischen Lebendigkeit
Erinnere Dich
Leben will nicht gedacht
sondern gefühlt werden

LIEBE die größte aller Kräfte
will nicht gedacht
sondern gefühlt und gelebt werden.

06.Juli, 03:50 Uhr

Vergiss nie

LIEBE ist die größte Kraft in dieser Welt

Erkenne sie
als die einzige allumfassende ewige unzerstörbare und
unbegrenzte Macht
Lasse sie in DEINEM Leben wirken

Nichts wird sie aufhalten
auch wenn du denkst
sie SEI nicht

Egal zu welchem Zeitpunkt egal an welchem Ort
SIE IST
unsterblich
unverzichtbar

Vergiss nie wieder
dass DU es bist die die Kraft der Liebe
kanalisiert
LIEBE IST IN ALLEM
Selbst in allen Teufeln dieser Welt

Sie ist unpersönlich
nicht bewertend und unbegrenzt schöpferisch

DU kannst sie ignorieren
aber DU kannst sie nicht aufhalten
DEIN Leben wird sich in der Weise verwirklichen in der
DU Liebe lebst

Sie lässt DICH schweben und
hält DICH gleichsam am Boden

Vertraue ihr aus tiefstem Herzen
auch wenn DU glaubst
sie schwäche DICH und mache DICH zu einem Opfer
Liebe macht nie
SIE IST

Alles MACHEN kommt von DIR
Liebe ist und bleibt die Zugkraft dieser Welt
Alles andere ist Illusion
von EUCH selbst erschaffen

Der Versuch Liebe zu beschreiben
sie in Formen und Farben zu stecken
muss scheitern

Liebe hat keinen Charakter dem es etwas
anzudichten oder hinzuzufügen gibt

Sie ist DIE universelle, schöpferische
Kraft der tausend Gesichter

Indem du sie lebst erweitert sich dein Spektrum
und das der Welt

Glaub mir
Liebe ist niemals angreifbar
Angreifbar sind Erwartungen die als Liebe getarnt sind

Ich bin eine Botin der Liebe die erinnert
ICH BIN DU

Es ist ein Fehler Liebe zu verweigern obwohl
es ein Verweigern niemals gibt
außer in deinen Gedanken
Liebe ist unausweichlich
Immer bist DU diejenige die sich selbst ausweicht

Spare deine Energie
Lehne DICH zurück und öffne DEIN Herz

Erkenne die Liebe in Allem und Jedem
Niemand und nichts auf dieser Welt
kann sich ihr entziehen

Es gibt auf dieser Welt
niemanden dem es an Liebe mangelt

Aber es gibt Unzählige deren
Herzen verschlossen sind
Ihre Sehn-Sucht ist unermesslich

Du kannst ihnen keine Liebe schenken
aber DU kannst
deine eigene liebe-volle Kraft
fühlbar machen
und ihre Herzen berühren.

08. Juli, 01:40 Uhr

Vergleichbar mit einem Film
ist das Leben eine Reihenfolge von Momenten

Bewusst wahrgenommen reiht sich Szene an Szene

Diese bewusste Wahrnehmung ist für die meisten Menschen
so gut wie ausgeschlossen

Also rede nicht in dieser Weise
behalte sie jedoch in deinem Gewahrsein

Jede Szene des Lebens ist veränderbar

So wie sich in einem Film durch das Verändern einer Szene
der Film verändert
verändert sich durch die Veränderung EURER Perspektive
EUER Leben

Alles ist möglich

Bühne Akteure Worte Sätze Bilder
selbst die gesamte Geschichte nimmt eine andere Gestalt an
wenn ein Detail sich verändert

Der Regisseur DEINES Filmes bist DU

Nur DU bist

die Drehbuchautorin die Kamerafrau die Regisseurin

diejenige die die Scheinwerfer lenkt

die die Sätze formuliert

Du bist diejenige die

den Film ausstattet

die Rollen besetzt

die Aktionen und die Wendepunkte bestimmt

und du bist es die

die Drehorte aussucht und sich an den roten Faden des Films

hält oder ihn verlässt

Betrachtest du dein Leben auf diese Weise

So erkennst du wie

vielseitig flexibel und sensibel ein Drehmoment sein kann

aber auch wie

kreativ und schöpferisch

Die Wahl der passenden Details und der Perspektive

ist entscheidend

Es ist nicht verwunderlich dass unzählige Menschen sich

hingebungsvoll in Filmen verlieren

Hier zeigt sich ihre Sehnsucht nach etwas Anderem

der Wunsch nach mehr von dem

was nicht da zu sein scheint

Es ist der Wunsch nach einer Illusion die für
eine Illusion gehalten wird
da das Unvorstellbare unerreichbar zu sein scheint

Dabei ist es immer nur die Form
eines anderen Lebens
einer anderen Möglichkeit
einer anderen Wahl

Lieblingsfilme zeigen DIR den Wunsch nach <u>dem</u>
von dem DU glaubst dass es DIR fehlt

Die Wahl ist immer entscheidend
Wenn es DIR gelingt den Augenblicken Szenen Details
deines Lebens näher zu kommen
erkennst du den Zusammenhang
und das Zusammenspiel
von allem was sich ineinanderfügt oder nicht

Ein guter Film berührt die Menschen weil
er sie an das Wesentliche erinnert

Ein gutes Leben berührt die Menschen tausendmal mehr

Wer steht auf DEINER Bühne
wer tanzt auf ihr
und wem hast du die
Hauptrolle überlassen

ERKENNE

DIE HAUPTROLLE GEHÖRT IMMER DIR

Die Bühne DEINES Lebens hat eine größere Wirkung als der beste
Film
egal ob ein Licht darauf scheint oder nicht

Sei DIR der Worte und der Aktionen auf DEINER Bühne bewusst

Alle Darsteller auf DEINER Bühne werden von den Zuschauern
gesehen
auch die die sich hinter Mauern verstecken

Vergiss nie das Wesentliche das sich
im Hintergrund und im Dunkeln DEINER Bühne abspielt

Das Wesentliche im Hintergrund bestimmt das eigentliche
Geschehen
Es beleuchtet alles oder lässt es im Dunkeln wirken
Es besitzt die wahre Macht über DEIN Leben
auf der Bühne der Welt

Ohne das was sich im Hintergrund abspielt
gibt es kein lebendiges Spiel

Der Hintergrund ist die Basis

Er ist das Unbewusste das DICH prägt die Intuition die DICH lenkt

der Plan der DICH führt

Hier sammelt sich alles was auf der Bühne benötigt wird

ohne gesehen

ohne wahrgenommen zu werden

DU

aber bist diejenige die

die Regeln

die Entscheidungen

die Ausstattung

den Rahmen

die Bedeutung

den Sinn DEINES Spiels

auf DEINER Bühne

erschaffst.

09.Juli, 00:20 Uhr

Es ist offensichtlich wie die Menschen in ihrer Gewohnheit
wegschauen

Gewohnheiten werden zu Hindernissen wenn sie beginnen
sich rückwärts zu wenden

Gewohnheiten und Bequemlichkeit lenken EUCH ab
von dem was euch zusteht

Eine andere Zeit drängt zu Veränderungen und hinterfragen
Gewohnheiten
Die Helfer sind auf dem Weg
Der Weg wird Veränderungen bringen

Decke DEINE unbrauchbare gewordenen Gewohnheiten
und DEINE ängstliche Bequemlichkeit endgültig auf
und betrachte sie in ihrem wahren Licht

Niemals war es für das Leben auf der Erde
wichtiger den Helfer den Weg freizumachen

Gleichzeitig gilt es sie zu schützen denn den Menschen liegen
Gewohnheiten und Bequemlichkeit sehr am Herzen

Die Helfer erkennen das Leid der Welt
Sie warten auf EUER Einverständnis

Sie sind EUCH in EUREM Geist sehr nahe

Gewohnheit und Bequemlichkeit besitzen die Macht
das menschliche Denken und Handeln zu lähmen
Die erste Aufgabe der Helfer wird es sein
EUCH aus diesem Gefängnis zu befreien damit IHR
EUER Leben nicht aus der Hand gebt

Große Verblendungen und Unwahrheiten
binden EUREN GEIST EUER DENKEN
und EURE FREIHEIT

Alles was EUCH scheinbar dienlich ist
wird infrage gestellt werden

Vieles wird zerbrechen und vergehen

Das Einfache Wesentliche und Wahre wird sich
schneller seinen Platz zurückerobern
als DU vermutest

Manche Veränderungen werden schmerzhaft sein
Aber Heilung geht oftmals mit Schmerzen einher

Die Helfer sind da und beginnen ihre Arbeit

Sei wachsam
Sei ruhig

Beobachte

Misch dich nicht ein

Noch lernst du

Eine Welle wird über die Erde gehen die nicht von allen

gespürt wird

Diejenigen die sehen ohne sich einzumischen

werden erkennen

Auch wenn IHR glaubt die Veränderungen beträfen EUCH nicht

wird das Leben EUCH eines Besseren belehren

Niemand von EUCH wird davon unberührt bleiben

Halte DICH bereit

Erlaube DIR die Freiheit zu wissen

Erlaube DIR zu sprechen und sei DIR

DEINER Erkenntnisse gewiss

Nicht überall wirst DU willkommen sein

Nicht jeder will DEINE Worte hören

Nimm es wie es ist
sei dankbar und
verlass DEINEN Weg
nicht mehr

Die Helfer brauchen Boten
Die Zeit drängt

DU bist nicht allein.

11. Juli, 03:30 Uhr

Es ist wichtig
zu wissen

Um zu wissen musst DU nicht nur lernen
sondern auch bereit sein
das Erlernte wieder zu vergessen

Jeder neue Tag bringt Neues Wissen
Neues Wissen ist in erster Linie
Altes Wissen

Lerne zu unterscheiden
Erkenne und unterscheide
Wissen von Wünschen

Nicht jede Phantasie ist Wissen
Illusionen sind nicht Wahrheit

Wahres Wissen ist in erster Linie ein gefühltes Wissen
Gib nur das wieder was DU auch selbst wahrlich fühlst

Versuche DICH so nahe wie möglich an gefühltes Wissen zu halten

Weitergeben von Wahrheit und Wissen ist nicht auf Worte begrenzt

Worte halten sich nicht an Wissen

Wissen hält sich nicht an Worte

Alle selbstgefärbten Wahrheiten sind Dramen
Die meisten Dramen sind
Nicht-Wissen
Hier kommt DEIN Verstand zusammen mit DEINEM Geist
auf die Bühne

Während DEINE Intuition
DEIN Unterbewusstsein
DEIN Geist
DICH lenken und leiten ist es
DEIN Verstand der regelt und zusammenfügt

DEIN Verstand ist das hilfreiche Werkzeug DEINES Wissens
Aber er ist nicht WISSEN

Betrachte alle starren Regeln Überzeugungen und Meinungen
DEINES Verstandes
Sie sind überwiegend Illusionen und haben mit wahrem Wissen
nichts gemein

Wahres Wissen ist ein Prozess
ist Entwicklung und schöpferisches Wachstum

Es gibt für Euch nicht die eine Wahrheit
Es gibt für Euch nicht das absolute Wissen

Vieles was mit Wissen verwechselt wird ist nur
hilfreich für den Verstand um ihn zu aktivieren oder zu
beruhigen
ist aber nicht hilfreich für DEIN wahres SEIN

Wahres SEIN ist wahres WISSEN ist immer in Bewegung

Wissen ist veränderbar
Wahrheit ist es nicht
Wahres Wissen braucht Erkenntnis und Offenbarung
Beides ist mit dem Verstand nicht zu erreichen

Beides geschieht
Beides hast DU nicht in der Hand
Die Basis ist immer und immer
VERTRAUEN

Wahres Wissen ist das Gegenteil von Bewerten und Urteilen

Bewerten ist für EUCH wichtig damit ihr Bilder erschaffen könnt
Bilder als Basis für Orientierung und Kontrolle
die ihr immer noch braucht, weil
euch VERTRAUEN fehlt

Verwechsle diese Bilder jedoch niemals mit
Wahrem Wissen

Hinterfrage alles was DU meinst zu wissen

322

Erkenne
dass DU
nichts weißt

Lerne DEINE Zweifel anzunehmen und nutze sie
DEINE Zweifel sind Lernmittel
mehr nicht
Verliere DICH nicht in ihnen

Lass zu dass sie DICH zum Hinschauen bewegen
nicht zum Wegschauen
Das Wort „Zweifel" beinhaltet
DIE ZWEI

Erinnere Dich
Die ZWEI begleitet dich nicht ohne Grund
Schau zweimal hin
Höre zweimal hin

Zweifel bedeuten MEHR
nicht WENIGER

Sie sind Mutmacher
nicht Verweigerer.

13. Juli, 01:50 Uhr

Jeder Tag an dem DU beginnst anders zu sehen
ist ein guter Tag

Jeder Tag an dem DU beginnst neu zu lernen
ist der erste Tag der NEUEN WELT

Nicht alle von EUCH bemerken den Wandel
und viele die ihn bemerken
fürchten ihn

Noch zeigt sich in diesen Zeiten die furchterregende Maske dieser
Welt
Dahinter aber ist das Licht
Wie DU weißt ist das Licht ein Gefühl

ES IST FREUDE

Betrachtest DU die Welt und das Leben aus einer höheren
Perspektive
so erkennst DU die Gefühle als Basis eures Lebens

Begrüße die NEUE WELT in FREUDE

Erfahre sie in LIEBE

DU kannst Gefühle nicht lernen
DU kannst sie aber in ihrer Tiefe ERINNERN

Sie sind das Leben selbst
im Guten wie im Schlechten

ERKENNE
Jedes Gefühl ist eine Welt für sich
Jedes Gefühl ist der Weg zu DIR selbst oder von DIR weg

Bewerte und urteile sie nicht in gut oder schlecht
Jedes Gefühl ist zutiefst wertvoll inmitten seines unendlichen
Potentials

Überall und zu jeder Zeit hängt alles davon ab
wie DU wahrnimmst
wie DU fühlst
wie DU erkennst
wie DIR offenbart wird

ERKENNE
DU bist DEINE Gefühle
Erkenne durch sie indem DU sie wahrnimmst und zulässt

Auf diese Weise erschließt sich DIR NEUES
und DU lernst DEINE Perspektive zu ändern

Erlebe was geschieht
wenn DEIN Gefühl dich umklammert
wenn es DIR gelingt DEIN Fühlen
aus einer höheren Perspektive aus
zu betrachten

Dies ist die Voraussetzung jeglicher Veränderung
Auf diese Weise werden es alle HELFER
lehren indem sie es leben

IHR werdet sehr verwundert darüber sein
was sich zeigen wird

Sei mutig und zweifle an jedem festgefahrenen Bild
das DIR wieder und wieder präsentiert wird

Alles Gewohnte Festgefahrene hält EUCH gefangen
auch wenn IHR EUCH noch so frei fühlt

Freiheit zusammen mit Liebe sind die
größten und erhabensten aller Gefühle

Freiheit ist das Basis-Gefühl für
ein Um-Denken
ein Anders-Handeln
ein Erkennen des WAHREN SO-SEINS

Freiheit geht immer einher mit VERTRAUEN
ICH wiederhole dies und wiederhole dies
obwohl DU es längst weißt

ICH wiederhole es jedoch so lange
bis DU es schließlich und endlich
fühlst

Erst dann bist DU soweit.

15. Juli, 07:40 Uhr

DEINE Zeit ist kostbar
Fülle sie nicht mit Hindernissen wie
Hass Groll Lügen Gram und falschen Vergleichen

EURE Zeit ist zu kurz für ein GEGENEINANDER

EURE ZEIT in dieser Welt
mit diesen Menschen
in dieser Phase der Ewigkeit
ist gewollt und geplant
Für jeden von EUCH

Diese Zeit ist eine besondere Zeit
Der Wandel in EUCH und außerhalb von EUCH vollzieht sich
schneller und radikaler als in vergangenen Zeiten

IHR Menschen dieser Zeit seid besondere Menschen
Menschen mit besonderen Fähigkeiten und einer besonderen
Verantwortung
IHR bringt ein langes Lernen mit
IHR seid hier um dieses Lernen in einer kurzen Lebens-Zeit zu
erinnern und anzuwenden
Halte DICH nicht auf und halte Andere nicht auf

Wage DICH mutig und voller VERTRAUEN in den Fluss
und erkenne ALLES in und um DICH herum

als Lernmittel

Lerne und höre niemals damit auf

Betrachte ALLES als sei es NEU
So ist jeder DIR geschenkte Tag
NEU

Sei NEU-GIERIG
ohne zu bewerten

Übe wieder und wieder zu staunen wie ein Kind

Lass das was sich DIR zeigt in DIR ankommen

RE-AGIERE BEHUTSAM

DU bist JETZT vorbereitet

BEGINNE

Lass DICH von MIR leiten

Nimm DICH selbst an die Hand
Vergiss die Freude nicht
und VERTRAUE

DU gehst keinen Schritt allein
auch wenn DU
niemanden siehst.

16. Juli, 05:30 Uhr

Liebe und segne was ist
Mach DIR nicht die Mühe es anders haben zu wollen

Verändere behutsam DEINE Wahrnehmung und filtere
das WAHRE Wesentliche heraus

Glaub nicht dass allein DEINE Wünsche DIR etwas
Besseres bescheren

Schau auf das was JETZT ist und wertschätze es
Veränderung geschieht wenn DU das was ist
annimmst und seinen Wert erkennst

Segne es damit DIR seine Bestimmung bewusst wird

Mühe DICH nicht mit Phantasien ab wie etwas sein sollte
DU kannst es nicht besser machen
wenn DU es in deinem
Wunschdenken
anders phantasierst

Du veränderst ALLES wenn DU DEINE Perspektive veränderst

Verlass DICH nicht auf falsche Bilder

ALLES ist perfekt

ALLES IST und

ALLES ändert seine Perfektion durch DICH

DU selbst veränderst DICH von Augenblick zu Augenblick

ERKENNE den Wandel

Es ist immer ein Wandel der Perspektive

Durch die Veränderung DEINER Perspektive

verändert sich DEINE Welt

So geschieht es und so wird es weiter geschehen

Dies zu erkenne ist einfach

aber schwer in EURER Begrenztheit und EURER Arroganz

Aus diesem Grunde braucht es in diesen Zeiten Hilfe

Das Leben selbst braucht diese Hilfe nicht

Aber die Menschen brauchen sie JETZT

Die Erde dreht sich unvermindert

lernt und verändert sich nach Plan

Das Universum verändert sich oder verändert sich nicht.

Hier spielt Veränderung keine Rolle

IHR aber müsst mit Veränderung leben

denn IHR müsst euch anpassen um zu überleben

Diese natürliche Veränderung ist jedoch nicht von EUCH gewollt
Veränderung ist das Gegenteil von dem was IHR wollt

IHR erwartet dass
die Erde
die Natur
die Welt
das Universum
sich Euch anpassen
IHR unterliegt dabei dem Irrsinn all EURER Illusionen

JETZT ist eine Korrektur not-wendig

Es wird eine Korrektur zu EUREM Wohle und EURER Rettung sein
auch wenn sie von EUCH anders wahrgenommen wird

ERKENNE
NIMM AN WAS JETZT IST
WERTSCHÄTZE ES UND SEGNE ES

Sei offen für das was kommt und was geht
So ist es geplant

Jeglicher Widerstand wird den Wandel nicht aufhalten
ihn aber schmerzlicher machen
DEIN Widerstand drückt sich in DEINEN Worten und DEINEM
Handeln aus

DEIN Widerstand erzeugt weiteren Widerstand erzeugt weiteren
Widerstand
erzeugt weiteren Widerstand…
Annehmen
Wertschätzen
Lieben
Segnen

bedeuten niemals
Selbstaufgabe
Ohnmacht
Opfer-SEIN
Bedeuten immer
aktives bewusstes Annehmen
aktive bewusste Liebe
aktive bewusste Segnung
aktive bewusste Hingabe an den eigenen Lebensweg
und den Fluss allen Lebens

Bedeutet immer
Wachsamkeit Klarheit Offenheit

Bedeutet immer

ER-LÖSEN von WIDER-STAND
gegen DEIN
SO-SEIN.

18.Juli, 00:50 Uhr

DU stehst an einem Wendepunkt

Alles geht seinen Weg obwohl DU Stillstand fühlst
Es beginnt obwohl DU glaubst es sei zu Ende

Nichts von dem was sich DIR zeigt vermag das zu zeigen
was DU nicht erkennst

Und doch ist ALLES bereit auch wenn DU nichts weißt
und es sich anfühlt als stände alles still
als wären alle Mühen umsonst

Du bist auf dem Weg
JETZT wird sich dieses Wissen in DIR festigen

DU bist niemals allein
obwohl DU auch dies immer noch anzweifelst

DU brauchst Beweise und die wirst DU bekommen

Sei ruhig und halte DICH bereit
DEINE Schmerzen vergehen
dein System bereitet sich vor

Es fühlt sich für DICH befremdlich an aber so ist es vorgesehen

Lenke DICH nicht ab indem DU auf die Wege der Anderen schaust
Vergleiche DICH und DEIN Leben nicht länger
und hadere nicht

Noch verstehst DU nicht
DU wirst erst dann erkennen wenn DU bereit dazu bist

Die Bilder die DU DIR machst sind nicht die Wirklichkeit

Kein Weg ist leicht obwohl jeder Weg einfach ist

Spüre DEINE Sehnsucht aber verstärke sie nicht
mit Bildern die mit DIR nichts gemein haben

DU findest jetzt ALLES was du brauchst
Du darfst JETZT aufhören zu suchen

Das was zu DIR gehört ist auf dem Weg
und erreicht DICH mühelos

Das was DICH finden wird war DIR immer nahe
DU hast es nur nicht erkannt

Versuche nichts zu erzwingen

GELASSENHEIT
ist eine Gabe die DU jetzt wiederfinden wirst
GELASSENHEIT ist die Basis für DEINE Aufgabe

GELASSENHEIT lebt längst in DIR
Jegliches Verdrängen hat ihr keinen Schaden zugefügt
Unbemerkt wurde sie von MIR in DIR gehütet

Mit ihr in DEINEM Herzen wirst DU vieles klären
und Verunsicherungen nicht mehr nötig haben

Wesentliches beginnt JETZT da alles vorbereitet ist

Die Welt zeigt DIR ihren Spiegel
und DU spiegelst DEIN Licht der Welt

Die Zeit ist und war immer auf DEINER Seite.
Die Zeit so wie sie von EUCH gedacht ist

DEINE Schmerzen werden DICH verlassen

Alles erneuert sich
von Augenblick zu Augenblick.

21. Juli, 02:40 Uhr

Schau nicht zurück bedeutet
wiederhole nicht vergangenes Leid

Triff Deine Entscheidungen jeden Tag neu
denn jeder Tag ist neu
und DU bist an jedem neuen Tag
neu

Allerdings gibt es gute Gründe zurückzuschauen

Betrachte in Ruhe und Sorgfalt vergangene Entscheidungen Urteile
und Gewohnheiten
Würdige oder korrigiere sie

Sie sind der Grund auf dem DEIN Leben sich entfaltet
Sie immer und immer wieder sorgfältig
und in Ruhe zu betrachten bedeutet
DEIN Leben immer und immer wieder sorgfältig
und in Ruhe zu betrachten
Die Korrekturen dieser Zeit helfen DIR zu erkennen und sind
JETZT not-wendiger als jemals zuvor
DU steckst in einem Leben das auf DEINEN
früheren Erfahrungen und Entscheidungen fußt
auf dem was DU gelernt und erschaffen hast
was DU von Anderen übernommen hast

DU steckst fest auf den Wegen der ALTEN ZEIT

Mit dem Korrigieren beginnst DU diese Wege freizuräumen

BEACHTE
Korrigieren bedeutet nicht Drama Schuld und Trauer zu delegieren
Korrigieren bedeutet das Umarmen der eigenen Verantwortlichkeit
Korrigieren bedeutet für DICH das Einhalten DEINES ureigenen
Plans

Blicke in Liebe und Dankbarkeit auf die Vergangenheit

Ohne DEINE Vergangenheit wärst DU
JETZT nicht HIER

Ohne DEINE Vergangenheit würdest DU
JETZT nicht MEINEN Worten lauschen und Korrekturen wagen

Gram Groll Trauer Wut
fesseln EUCH an vergangenes Drama

Eine fatale Entwicklung die so nicht gewollt ist
und doch EUER Menschenbild verzerrt
und EUCH blind macht für die wahre Kraft der Schöpfung in EUCH

Nur mit Liebe kannst DU SEIN lassen
was IST

Das ist es was JETZT von DIR gefordert wird
damit DU es weitergibst und eine Welle entfachst

ERKENNE
DU kannst das Vergangene nicht aufheben oder verändern
Du kannst allerdings deinen Blick darauf korrigieren
indem DU DAHINTER schaust
DAZWISCHEN schaust
und WEITER schaust

Würdige und segne ALLES was DU erkennst
Erst dann mach dich an die wertvolle Aufgabe
und korrigiere oder nimm ALLES an so wie es IST

Kultiviere die Veränderung und Erweiterung DEINER Perspektive
in DANKBARKEIT und LIEBE

LIEBE lässt SEIN
DANKBARKEIT akzeptiert in Frieden

Diese Aufgabe ordnet und heilt
Ich sagte es DIR bereits

Die Menschheit durchlebte zu jeder Zeit Wandel nach Wandel
Dieser jedoch ist der bedeutsamste

Er fordert von ALLEN eine gemeinsame und allumfassende
Korrektur

BETRACHTE
KORRIGIERE
ORDNE
HEILE
Dies ist DEIN Weg und er betrifft jeden von EUCH

Viele gehen diesen Weg bewusst
Viele durchlaufen ihn unbewusst
Aber jeder von EUCH wird ihn gehen

Halte DICH nicht zu lange mit Vergangenem auf
Korrigiere was korrigiert werden muss
aber verlier DICH nicht darin
Korrigieren ist keine Lebensaufgabe
Es ist ein Lernmittel
nicht mehr

Achte auf DEINE Gefühle
Lass DICH von ihnen nicht in DEINER Vergangenheit festhalten
Alles dient einzig dazu
aus dem Gewesenen
in das IST zu gelangen

Nur im JETZT IST
zeigt sich ALLES.

Hier bin ich

Ich bin hier

ERKENNE

die Bedeutung des Gebets

und die Verbindung die so ist wie sie ist

stark und ewig

Mehr ist es nicht

denn es ist ALLES

Die Verbindung ist kein Mysterium

sie ist das Natürlichste der Welt

Die Welt macht JETZT einen weiteren großen Schritt

Jemand die zurückhaltend war betritt nun die Bühne

Schau genau hin

Das was im Feld der Gemeinschaft geschieht

geschieht auch in DEINEM Feld

Fühle die Bedeutung für DICH und nimm sie an

Denke nicht weiter in den alten Mustern von

Oberflächlichkeit und Belanglosigkeit

Es gibt keine Unwichtigkeit auf dieser Welt und in diesem Leben

Unwichtigkeit

Oberflächlichkeit

und Belanglosigkeit

sind immer
Verdrängung von Ungewolltem

Verdrängung aber ist ein Konzept der Angst
und schützt DICH nur für den Moment

Verdrängtes ist immer auf der Suche nach LICHT

JETZT
da die Sonne ihr Licht am stärksten zeigt
zeigt sich auch DEIN Licht am stärksten

Lass es zu
Verdränge es nicht weiter in Angst

Die Zeit der Angst ist vorbei
Ich sagte es bereits

JETZT ist es an der Zeit dass DU es lebst

Wundere DICH nicht
wenn DEIN Körper sich rührt
und DU mit Phänomenen in Berührung kommst
die DIR unbekannt sind
Veränderung geschieht JETZT
nicht mehr unbemerkt

Sei gelassen und erwarte das NEUE

ALLES geschieht wie es geplant ist

Geh hinaus in die Natur und nimm die Sonne in DIR auf

Sie ist nicht gefährlich für DICH
sie erneuert DEINE Energien und DEINE Zellen

Genieße die Menschen die neben dir gehen

Auch sie werden berührt und geführt auch wenn sie nichts davon
wissen.

ICH spreche nicht nur zu DIR
Es gibt unendliche Worte die gesprochen
aber nicht gehört zu werden

Zeichen und Symbole zeigen sich JETZT überall
Sie werden Funken in DIR entzünden
auch wenn DU sie nicht siehst

SEI voller Erwartung und dankbar

Das Fest ist bereitet.

24. Juli, 03:20 Uhr

Warum solltest nicht DU gemeint sein
Jeder von EUCH hat seine Zeit
Jeder wird gemeint sein

Auch wenn DU dich abwendest
DICH klein machst und versteckst

DU bist die die gemeint ist
HIER UND JETZT

DU erhöhst nur den Schmerz wenn DU hinauszögerst
was SEIN soll

Es ist so einfach
Es gibt nichts zu tun
Das ist das
was IST

Es gibt nur das SEIN
und das was IST und kommt
SEIN zu LASSEN
ALLES geschieht
Das ist der Sinn

IHR geht diesen Weg gemeinsam
Keiner von EUCH wird vergessen werden

Einzig EURE Bereitschaft für ein Miteinander
wird von EUCH selbst bestimmt

Der Plan
der Weg
das GANZE
IST
auch ohne EUER Zutun

DU bestimmst nicht die Bühne nur das was
auf ihr gespielt wird
DU entscheidest ob
Freude oder Schmerz
ob Ja oder Nein
DU erschaffst die Bilder

ENTSCHEIDE BEWUSST
Betrachte nicht mit den Augen des Mangels

Erkläre nicht was DU nicht erklären kannst

ERKENNE DICH und bleibe bei DIR

Suche nicht weiter
Warte
beobachte
und lass DICH finden

So ist JETZT DEIN Weg

Halte DICH nicht mit Suchen auf
Halte DICH nicht mit Zweifeln auf
Beginne den Tag offen wie ein Kind

ALLES ist da
ALLES kommt zu DIR wenn es an der Zeit IST

DU BIST
SEI
Mehr braucht es JETZT nicht.

27. Juli, 03:30 Uhr

Die Welt feiert das Leben
Das ist wie es sein wird

Öffne DEINE Sinne und fühle
wie das Leben selbst ein Fest ist

Alle Feste dieser Welt sind ein Symbol der Freude
nicht aber die wahre Freude selbst

Noch ist es nicht soweit

Noch braucht es Symbole die EUCH gezeigt werden
um WAHRE FREUDE zu lernen

Die Feste dieser Zeit sind ihre Vorzeichen
WAHRE FREUDE braucht keine Feste
Sie ist das einzige zeitlose ewige Fest

Die Freude die DU fühlst ist eine gemachte Freude
Sie braucht einen Auslöser der sie frei lässt
Sie ist gebunden und vergeht
WAHRE FREUDE ist FREUDE am SEIN
grundlos endlos und bedingungslos
Sie ist die göttliche FREUDE in jedem von EUCH

ERKENNE sie in DIR und lass sie leuchten

Sie ist gelebte LIEBE die sich verschenken will
Durch DICH und durch EUCH alle

Öffne DEIN Herz damit sie DICH erfüllt
und verschenke sie großzügig
auch wenn die Feste dieser Zeit gefeiert sind

Das Fest des LEBENS endet nie
sowie
WAHRE FREUDE in dir nie endet
DU kannst sie nur vergessen

ERKENNE die Liebe die DIR JETZT gezeigt wird

WAHRE FREUDE in DIR braucht keine Feste
Sie ist ein Fest

Feiere sie Tag für Tag als Geschenk der Schöpfung
So und nur so ist Leben gemeint

Sie ist das Feuer DEINER Lebendigkeit und
verlangt danach gelebt zu werden

Kinder sind die Boten der Freude
Dort wo Kinder ohne Freude sind ist das Leben selbst
in Gefahr

Es ist an der Zeit die Symbole der LIEBE und FREUDE zu erkennen und sie in DEIN Leben zurückzuholen

Wenn ich DIR sage
dass die Zeit der Angst vorbei ist
so sage ich DIR gleichzeitig
dass die Zeit der Freude
gekommen ist

Freude verbindet Herzen
verbindet ALLES
Sie ist der Schlüssel für die Schönheit der Schöpfung
Sie ist die Grundlage für FRIEDEN in DIR und der Welt
Suche sie hinter ALLEM
und teile sie mit ALLEN aus vollem Herzen

ERKENNE sie in DIR als den Lichtstrahl der aus
DEINER Herzensquelle fließt

FREUDE IST LICHT

ALLE Helfer dieser Welt sind von FREUDE und LIEBE erfüllt
Auf diese Weise ist ihre Hilfe schöpferisch und heilig

FREUDE und LIEBE in ALLEM
was sie sind und tun
sind ihr Erkennungszeichen.

29. Juli, 00:25 Uhr

Immer dann wenn sich eine Verkrustung löst
zeigt sich darunter eine Wunde
Eine Wunde die in der Tiefe schmerzt
und erneut DEINER Aufmerksamkeit bedarf

Manche Wunden verblassen und vergehen
Aus manchen werden Narben und
manche brechen erneut auf um
zu schmerzen und zu bluten

Verkrustungen haben den Sinn zu bedecken und zu schützen

Sie schenken DIR Zeit um das zu heilen was unter ihnen verborgen
liegt

Immer dann wenn sie sich lösen zeigt sich
ob Heilung stattgefunden hat

Verkrustungen bringen eine Wunde zum Stillstand
bedecken sie
damit der innere Körpergeist sie
heilen kann

DU selbst bestimmst ob DU an ihnen zerrst
um sie zu entfernen oder
ob DU abwartest bis die Zeit gekommen ist und

sie von allein abfallen
Narben hinterlassen oder Makellosigkeit

Reißt DU die Wunde zu früh oder immer und immer wieder auf
kann Heilung nicht stattfinden und Schmerzen bleiben

Jede Verletzung ob innerlich oder äußerlich braucht eine Zeit zur
Heilung
Manche brauchen Minuten
manche Tage oder Jahre

Es gibt Verkrustungen die kleben an DIR und lösen sich nie
andere fallen von DIR ab ohne dass DU es merkst

Wende dich deinen Verletzungen mit Liebe und Achtung zu

Sei geduldig mit ihnen und
steh DEINER Heilung nicht länger im Weg

Betrachte dankbar DEINE Narben
Sie helfen DIR DICH zu erinnern und zu vergeben
denn sie schmerzen nicht mehr

Schau mit einem ehrlichen Blick auf deine Wunden
schenk ihnen Zeit und Anerkennung

Heilung kann nicht erzwungen werden

Verkrustungen heilen leichter wenn DU erkennst
dass die Wunde darunter kleiner und unwichtiger ist
als DU gedacht hast.

Deine inneren Wunden schmerzen auf eine Weise
die sich verstärkt
wenn du ihr nicht die Zeit und Aufmerksamkeit zum Heilen gibst

Ihre Bedeutung für DICH ist der Grund dafür dass
verkrustete Wunden immer wieder aufbrechen
weil die Krusten sich weigern
DICH zu verlassen

ERKENNE
DU allein bist die
die diesen Zustand aufrechthält

Verkrustete offene Wunden machen dich unbeweglich und
hindern DEINE Haut beim Atmen

ERKENNE
DEINE verkrusteten offenen Wunden sind die Gründe dafür
dass DU es nicht wagst aus der Deckung zu kommen

Betrachte sie mutig und liebevoll
Erlaube ihnen zu heilen

Unter ihnen brennt ein alter verkrusteter Schmerz
der erlöst werden will

Erlöse ihn indem DU ihn
in Liebe und Verständnis anerkennst
damit er DICH verlassen kann.

30. Juli, 05:50 Uhr

DU bist eine Wanderin zwischen den Welten

Es gibt nur diese eine Welt
Für EUCH jedoch scheint es Millionen Welten zu geben

DU wandelst zwischen illusionären Welten
distanziert und verunsichert hin und her
aber DU entscheidest DICH
nicht

Dies ändert sich JETZT

Distanziertheit schützt DICH nicht

Diese kindliche Entscheidung darf JETZT gehen

Die EINE Welt steht DIR immer offen.

31. Juli, 05:25 Uhr

Der Zeitpunkt ist gekommen an dem DU beginnst
aus den Worten und dem Gesagten
in die Erfahrung zu wechseln

Lege all die Worte beiseite und warte auf das was kommt

Es gibt nichts was es JETZT noch zu lernen gibt

Es ist gesagt was gesagt werden musste
Nun wirst DU das Gesagte erfahren

Das was DU JETZT erfahren wirst und brauchst
kommt ohne dass DU es suchst

Spüre die Kraft die längst in DIR IST
Kultiviere und nutze sie in Ruhe und Sorgfalt

Die Zeit der Angst ist vorbei
Angst hat sich in Kraft gewandelt

DU musst nicht länger auf der Hut sein
Lege alles ab von dem DU glaubst es stehe DIR im Weg
Es gibt nichts was DIR im Weg steht außer DU selbst

Sei ohne Erwartung
ALLES kommt JETZT und es kommt zur richtigen Zeit

357

Erwarte nichts und suche nicht
Sei still bereit

ALLES was zu dir will ist auf dem Weg
Erwarte es in großer Gelassenheit
und sei bereit zu staunen

Für DICH beginnt eine Zeit der Besinnung und Besinnlichkeit
eine Sinn-erfüllte Zeit

JETZT wird DIR der SINN der letzten Zeit offenbart
und DU erfährst was schon lange auf DICH wartet

Nimm ALLES was JETZT geschieht gelassen an
Kommentiere und bewerte es nicht

Es wird sehr viel im Außen geschehen
Der Wandel zeigt sein Gesicht und hinterlässt seine Spuren
Für jeden von EUCH ist das was geschieht noch nicht zu verstehen
So sei und bleibe ein Beobachter dieser Zeit und
halte DICH an das was für DICH bestimmt ist

Verliere dich nicht in dem was nicht zu DIR gehört

Bereite dich in Ruhe vor
Nimm wahr und erfahre aus den Worten die Du vernommen hast

Schau hin hör hin fühl hin wie ein Kind

Schau und warte mit den Augen und dem Herzen eines Kindes

Erinnere dich an DEINE kindliche Freude

und befreie sie

JETZT.

04. August, 04:10 Uhr

Nun fügt sich was sich endlich fügen darf

Das Rad der Zeit ist umgesprungen und
bewegt sich in einem neuen Rhythmus

Spannungen werden deutlicher und nehmen noch zu
Heilsame Veränderungen zeigen ihren Glanz

Die Energie erholt sich
und viele so viele von euch spüren die Wirkung
ohne zu wissen
ohne zu verstehen

Das Wissen darüber kommt später
und wird JETZT nicht gebraucht

JETZT befreit sich eine starke energetische Kraft
die sich unaufhaltsam in das Leben ergießt

IHR erkennt dass es keinen Stillstand gibt
keine Stabilität die unter eurer Kontrolle steht
Diese Erkenntnis ist allumfassend

Sie wird sich wie ein Lauffeuer ausbreiten

Je leichter und einfühlsamer DU damit umgehst und dieses Wissen
nutzt
umso kraftvoller und eindrücklicher wird deine Botschaft
SEIN

Lasse DEINE Botschaften lebendig werden
in dem DU selbst zu DEINER Botschaft wirst

Wenn es an der Zeit ist wird sie sich leicht und verständlich
in der Welt verbreiten

Jeder von euch wird in der Lage sein
seine Aufgabe zu erkennen
aber nicht alle werden sie nutzen

Die Türen stehen JETZT offen
Es fehlt EUCH an nichts
Alles was DU brauchst kommt zu DIR

ERKENNE all dies
in jedem Menschen der dir begegnet
und in allem was geschieht

Je achtsamer und aufmerksamer DU bist
je bewusster und eindeutiger DU die Zeichen wahrnimmst
umso eindrücklicher und strahlender zeigt sich DIR
der NEUE WEG

VERTRAUE

Noch scheint die Welt aus den Fugen

chaotisch gefährlich und destruktiv

DAS ÄNDERT SICH

Je deutlicher EUCH die Macht EURES BEWUSSTEN SEINS wird

umso grundlegender verändert sich das Chaos

Sei gelassen und hadere nicht

Auch wenn DICH ein Gefühl des Stillstands quält

geschieht Unermessliches.

06. August, 23:50 Uhr

Das Leben und die Welt sind so viel mehr
wundervoller
weiter
klarer
machtvoller und
schöner
als DU denkst oder wahrnimmst

Wenn DU das erkennst wirst DU ruhiger werden
Es zu fühlen bedeutet
jegliches Zögern
jegliches Zweifeln und jegliches Hadern
zu beenden

IHR habt den Blick für die Wunder des Lebens verlernt und
vergessen

IHR glaubt in einem Kampf und in Leid zu stecken

Nichts ist törichter als dieser Glauben

IHR steckt einzig in der Hölle EURES Verstandes fest
Die Wahrheit scheint EUCH verborgen zu sein
dabei seid IHR selbst die Wahrheit

ALLES was IHR glaubt wahrzunehmen und bewerten zu müssen
seid IHR selbst

Wenn IHR Leid und Furcht seht so steht still
betrachtet das was IHR seht und rührt EUCH nicht

Verlasst EURE gewohnten und vertrauten Bilder
und lasst EUCH von der Wahrheit DAHINTER überraschen

Das was EUCH erzählt und berichtet wird ist nichts weiter
als die Hölle der Anderen

IHR müsst den Bildern der Anderen nicht folgen

IHR seid selbst machtvoll und schöpferisch genug
um das Licht und die Welt DAHINTER
zu erkennen

Mute DICH zu
SEI neugierig
Zweifle und fürchte DICH vor
nichts und niemandem

Die Schleier der Illusionen sind dünner als DU denkst

Längst beginnen sie sich aufzulösen

Jeder von EUCH beginnt bei sich
Niemand ist ausgenommen

Hebe DEINEN Kopf
Stelle DICH mutig jedem neuen Tag
und jedem NEUEN das DIR begegnet

Zweifle nicht weiter an DIR
Es geht nicht um Können oder Leisten

Es geht darum
hinter die äußeren Erscheinungen zu blicken
und neu zu entscheiden

Sei geduldig
Sei achtsam
Nimm bewusst an
Re-Agiere nicht
Lass SEIN

Erst im Fluss spürst DU die Strömung die DICH trägt

Werde nicht müde nur weil DU an Erfolg oder Misserfolg glaubst
Dieser Glauben ist Unsinn

Es gibt nur SEIN und WERDEN
Im SEIN jedoch gibt es
ALLES

Erweitere DEINEN Blick und
zögere nicht länger.

Lenke deinen Blick

und deine Aufmerksamkeit

DAHINTER

Es kommt

JETZT

ans Licht

was ans Licht

kommen muss.

10. August, 04:00 Uhr

Wundervolle Vielfalt des lebendigen SEINS

So wie die Einzigartigkeit dieser Welt
in diesem Universum strahlt
so strahlt DEINE Einzigartigkeit in DEINEM Universum

Erkenne DEIN strahlendes Licht
und erkenne das strahlende Licht
hinter jedem der DIR begegnet
damit auch sie es erkennen

DU wirst nun spüren
wie DEINE gefühlte Zeit sich dehnt
indem DIR die Unendlichkeit von Zeit bewusst wird

Veränderungen geschehen und nehmen DICH mit

Wenn DU das Strahlen DAHINTER erkennst
wirst DU DEINEN Weg erkennen und
die Unruhe in DIR wird sich legen
ENDLICH
Es ist ein Blick in die Weite der Zeit und
dieser Blick wird DICH
DEINE Weite erkennen lassen

Die Kinder der NEUEN ZEIT finden ihre Verbundenheit

und erkennen ihre Aufgabe

Sie entdecken hinter ihrer Angst und Verunsicherung
ihren besonderen Weg
und blühen auf

Schau auf sie und erfreue dich
auch wenn das was JETZT von ihnen ausgeht
sich ungewöhnlich und bedrohlich anfühlt

Ihre Aufgabe ist zutiefst einschneidend
aber sie klären das Unheil
und reinigen die Tempel

Fühle DICH gesegnet

Auf EUREN Schultern steht die Generation der NEUEN ZEIT
die eindrücklich das Kommende prägen wird
Lenke DEINEN Blick nicht mehr auf das
was DU glaubst erlebt zu haben

Glaub MIR
es war vollständig anders

DEINE Einzigartigkeit in der wundervollen Vielfalt des Lebens
stand nie außer Frage

Erkenne dies und quäle DICH nicht länger

mit Vorwürfen und Neid gegenüber Illusionen

Je näher ICH DIR komme umso mehr darfst DU DIR
gewiss sein
dass ICH DU bin
Und Freude ist auf unserer Seite

Spüre MEINE schützenden Arme
Achte auf Wunder-Liches und Wunder-Volles
das sich gleich Sternschnuppen
auf DEINEM Weg zeigen wird.

11. August, 03:10 Uhr

Jeder leidet auf seine Weise
DU besitzt nicht das alleinige Privileg

Nichts geschieht ohne Grund
aber DU erkennst ihn nicht

Öffne DEINE inneren Augen
Schau auf das was geschieht mit DEINEM schöpferischen Blick

Alles was DU siehst ist ein Symptom
Es ist nicht die Wahrheit

Alles was sich zeigt sind Reaktionen auf DEINEN Schmerz

Schau DAHINTER
Schau DAHINTER

Es gibt so vieles mehr

Das gilt es für EUCH zu lernen
Immer und zu jeder Zeit wieder und wieder zu lernen
Sei gewiss je tiefer DU zu blicken wagst
je sichtbarer sich das DAHINTER offenbart
desto wertvoller wird jedes Chaos

Vergiss nicht
Das was DU zu sehen glaubst
ist eine Spiegelung

Die Zeit ist auf DEINER Seite
Sie dehnt sich und beinhaltet so viel mehr
als DU für möglich hältst

Kultiviere DEINE FREUDE
auch wenn du sie verloren glaubst

Erfreue DICH an der Magie DEINER Unwissenheit
und erwarte ALLES

FREUDE ist eine mächtige Kraft in DIR
so wie im Universum selbst

Sie ist heilsam wie der pulsierende Sternenhimmel
ENTSCHEIDE DICH für DEINE FREUDE
Niemand nimmt DIR diese Entscheidungen ab

DU triffst sie allein
So wie DU alle Entscheidungen allein triffst

So treffe sie kraftvoll und klar
Versuche nicht dem was DU zu lernen hast
auszuweichen

Je mehr DU ausweichst
umso deutlicher wird das Unausweichliche

Die Zeit DEINER Angst ist vorbei
DEIN INNERER FRIEDEN ist unzerstörbar

Hüte ihn vor DEINEN eigenen Angriffen und
vor DEINEN selbst erschaffenen Grenzen

Nur DU allein kannst DEINEN INNEREN FRIEDEN schützen
obwohl er keinen Schutz bedarf
außer in DEINEN Gedanken

Werde still
Lass SEIN
was DU nicht kontrollieren kannst

Außer DEINEN Gedanken
gibt es nichts zu kontrollieren

Solange DU zweifelst
erkennst DU nicht

Solange DU zweifelst
blockierst DU
DEINEN Weg.

12. August, 04:50 Uhr

Warte
Werde still
Die Lösung steht schon bereit
Entspanne
Lenke DEINEN Blick nach innen
und schau DAHINTER

Das was DU dort entdeckst wird DICH erinnern
wird DEINE Hilfe SEIN

Die Wahrheit ist schmerzhaft
aber nur in DEINER Welt
Sie zieht DIR die Dornen aus dem Fleisch und befreit DICH
obwohl DU nicht verstehst

Der Wandel geschieht und löst alle Verkrustungen auf
Darunter liegen Wunden

Veränderungen ziehen die Schleier fort

Dahinter strahlt das Licht
Am Anfang jedoch
kann auch STRAHLENDES LICHT schmerzen

Wahre Entscheidungen kommen aus dem Herzen
aus dem inneren Gefühl der Wahrheit

Nur dadurch löst sich Leid

Menschen sind gut und böse
weil sie ALLES sind
und Bewertungen sie zu dem macht
was DU in ihnen siehst

Ohne Chaos erkennst DU keine Harmonie
Ohne Aggression und Krieg weißt DU nicht
was Frieden ist

Versuchst DU das eine aus DEINEM Leben herauszuhalten
hältst DU auch das andere heraus

Das ist es was es zu lernen gilt.

ALLES ist immer ein WERDEN vor dem SEIN
DU wirst nur dann ein Mensch der Liebe
wenn DU auch das Gegenteil kennst
und in DIR annimmst

Das Gegenteil von Liebe begegnet DIR
zu jeder Zeit
in jeder Form

Jedes Lebewesen ist ALLES

Es sind DEINE ENTSCHEIDUNGEN die DEINE Welt erschaffen

Triff sie
wahrheitsgemäß
klar
und eindeutig

Entscheidungen sind keine Wünsche
Verwechsle sie nicht mit Wünschen oder Illusionen
Entscheidungen sind aktiv und lebendig

Täusche DICH nicht selbst
Schau DAHINTER
ERKENNE den WAHRE GRUND DEINER Entscheidungen
und lebe dementsprechend

ICH

ZEIGE

JETZT

MIT DEM FINGER AUF

DEINE HALBHERZIGKEIT.

13. August, 04:30 Uhr

Es wird DIR ein Helfer zur Seite gestellt

Die Bühne ist bereitet
Der Vorhang öffnet sich
Die Zeichen stehen
Mach DICH bereit

Alles was geschah diente der Vorbereitung

Niemals geschieht etwas ohne Grund

DEIN Blick ist noch eingeengt
DEINE Sinne sind noch unscharf
DEINE Intuition ist noch schwach

Alles ist nun für eine Erweiterung bereit
Nichts war umsonst

Freue DICH und sei guten Mutes
Auch wenn DU Schatten siehst
verschließe deine Augen nicht mehr
Schatten sind Wegweiser

Niemand hält DICH auf
DU bist frei
DU bist frei auch wenn DU glaubst Fesseln und Mauern zu spüren

Fesseln und Mauern sind nichts als Illusionen
die kommen und gehen
ERKENNE sie als das was sie sind
und spiel mit ihnen
Schau über sie hinaus
Es gibt keine außer in DEINEN Gedanken

Höre auf DEINEN kleinen Verstand aber nimm ihn nicht ernst
Er windet und sträubt sich gegen das Unbekannte
das es in Wahrheit nicht gibt
In DIR liegt die ERKENNTNIS
Schon bald wirst DU DICH erinnern

Es wird DIR ein Helfer zur Seite gestellt
Sei bereit.

15. August, 01:20 Uhr

JEDER von EUCH hat ein Recht zu SEIN
jede Frau
jedes Kind
jeder Mann

JEDER von EUCH ist ein eigenes Universum
Jeder ist ein Wunder und einmalig in seinem SO-SEIN
Jede Einmaligkeit ist Teil eines gemeinsamen GANZEN

Eure Einzigartigkeit birgt gleichzeitig das tiefe Verlangen nach
Zugehörigkeit

Dieses Verlangen ist ein Wunder denn es ist ein Verlangen
nach LIEBE
Es ist ein Wunder und eine Aufgabe

Mit dieser Aufgabe beginnt für EUCH der Tag
Sie erinnert euch jeden Tag an ein universelles gemeinsames
Ziel
GEMEINSAMKEIT

Jeder von euch strebt in seiner Einmaligkeit nach
GEMEINSAMKEIT

Diese Aufgabe liegt seit Ewigkeiten in EUCH
solange bis sie gelöst ist

Sie gelingt

wenn das Lernmittel von EUCH ALLEN erkannt wird

Der einzige Weg zum Erreichen von GEMEINSAMKEIT

ist LIEBE

Mit all ihren Formen und Farben ist LIEBE die Basis für

das wahre EINSSEIN

Ohne LIEBE ist GEMEINSAMKEIT nicht möglich

Ohne GEMEINSAMKEIT ist ein EINSSEIN nicht erfahrbar

Ohne LIEBE bleibt IHR in eurer Einzigartigkeit

einsam

Alle Formen der LIEBE sind legitim

Jeder Ausdruck von LIEBE und sei er noch so klein

ist förderlich

LIEBE irrt nie

LIEBE drückt sich immer in WAHRHEIT aus

Die Vielfalt EURER Irrtümer ist groß

wenn LIEBE

verwechselt oder missbraucht wird

Zuerst ist demnach Klärung nötig

LIEBE ist immer einfach
Komplizierte LIEBE ist ein Irrtum
LIEBE überfordert nie

LIEBE verschenkt sich durch Kraft Energie und Wärme
LIEBE erschöpft sich nie
LIEBE IST

Ihr könnt sie weder erschaffen
noch kaufen
noch konstruieren oder erzwingen
SIE IST WENN IHR SIE SEID

LIEBE wird DICH erfüllen wenn DU bereit bist

Immer dann wenn sie fehlt
halte inne und erkenne den Irrtum

Warte und entspanne DICH
Bist DU bereit wird sie DICH finden
Findet sie DICH wird sie DICH erfüllen

LIEBE lässt EURE Einmaligkeit strahlen
damit ihr in Freunde
GEMEINSAMKEIT
findet.

17. August, 02:50 Uhr

Wende DICH den Menschen zu

Nur in DEINEM Gegenüber kannst DU DICH
und DEINE Schattenwelt erkennen

Wachsen ist nur möglich im Spiegel der Anderen

DU magst DICH zurückziehen und die Welt meiden
Aber auf diese Weise meidest DU DICH selbst

ALLE sind mit ALLEN verbunden

EURE Vielfalt und EURE Möglichkeiten
liegen in EUREM Miteinander

Erkenne DICH in jedem selbst

Im Erkennen DEINER Gefühle liegen
DEINE Möglichkeiten
und DEINE Grenzen

DEINE Gefühle spiegeln sich an DEINER Oberfläche
Ihre Wurzeln aber liegen in DEINER Tiefe
Nur die Wurzeln bergen die wahre Bedeutung

Es ist ein Zeichen DEINER Entwicklung
wenn es DIR gelingt beiseite zu treten
und DEINE Gefühle zu beobachten

Sie sind DIR zum Lernen gegeben
Sie sind Lernmittel
und nicht zu reduzieren auf eine Reaktion

DEINE wahren tiefen Gefühle spiegeln DEINE Seele
Durch sie gelangst DU in die Mitte DEINES SEINS

Sie können DICH fesseln oder befreien
DU entscheidest

ERKENNE ihre wahre Bedeutung
und nimm sie an in ihrer Vollständigkeit.
Aber verirre DICH nicht in ihnen

DU weißt
DIE ZEIT DER ANGST IST VORBEI

Somit ist das Tor zu DEINEN wahren Gefühlen geöffnet

Sie werden nicht lange auf sich warten lassen

Es ist eine Freude zu sehen
wie du sie umarmst
statt sie zu verdrängen

Die Konfrontation mit den eigenen Gefühlen ist für EUCH
eine unerwünschte Aufgabe
Jeder von EUCH erledigt sie in seiner Zeit
Jeder geht seinen Weg
Viele Wege liegen noch im Dunkeln
aber alle Wege haben das gleiche Ziel
EURE Wege verlaufen nicht parallel
weder räumlich noch zeitlich
und treffen doch immer wieder zusammen

Es ist nicht notwendig dass DU verstehst

Lass geschehen was geschehen wird
Nimm DEINEM Widerstand die Kraft

Leben ist weder aufzuhalten noch zu kontrollieren

Es geschehen verstörende Dinge
und das Leben zeigt sich in seiner tiefsten Dunkelheit
Auch sie hat ihren Zweck
Sie gibt dem was kommen wird die nötige Schubkraft
Dabei wird sie sich verbrauchen

Das Leben selbst verbraucht sich nicht

Der Verstand der Menschen scheint irregeleitet

dabei beginnt er gerade erst

aufzublühen

Der Widerstand gegen das was kommt

ist unermesslich groß

denn

die Angst zerfällt und dadurch ihre Macht.

19. August, 00:25 Uhr

ERKENNE
Die Freude lernen zu dürfen
ist größer als jegliche Frustration jeglicher Ärger

ERKENNE die Botschaft
hinter jedem Wort
hinter jeder Handlung
die danach trachten DICH zu verletzen

ERKENNE die Wahrheit hinter jeder Situation
die DICH wütend macht
aus der Ruhe bringt
und DICH aufweckt

ERKENNE die SCHÄTZE hinter all dem
Misslichen Tragischen Leidvollen
das DICH bedroht
aber niemals zerstören kann

Es wird DICH erfüllen wenn DU gelernt hast
HINTER das Offensichtliche zu schauen
In dem Moment in dem
die SCHÄTZE DAHINTER
erkannt werden
kehrt FRIEDEN ein

ENT-TÄUSCHUNG wird als das erkannt was es ist

das ENDE einer TÄUSCHUNG

ein Lernmittel des Lebens

Es ist eine Frage DEINER ENTSCHEIDUNG

ob DU weiter

in gewohnter Unwissenheit und Schwere steckenbleiben

oder DICH mutig und zweifel-los auf den unbekannten Weg

der wahren Lebendigkeit begeben willst

Verwechsle Lebendigkeit nicht mit Oberflächlichkeit

Oberflächlichkeit bietet DIR niemals Entlastung

Ihr fehlt der Lerneffekt und die Möglichkeit

die Tiefe und Vielfältigkeit des Lebens zu erkennen

Auch macht sie DICH

trotz kurzfristiger Erleichterung

nicht wirklich froh denn es fehlt ihr das Wichtigste

WAHRE FREUDE

Begrüße ALLES was zu DIR kommt

und nimm es an um

DAHINTER zu schauen

DEIN wahres Schauen ist mehr und anders als Wahrnehmen

Nichts geschieht in DEINEM Leben

was nicht in DEINER Vergangenheit wurzelt

Über diese Wurzeln kannst du erst dann hinausgehen
wenn du sie in ihrer wahren Bedeutung erkennst

Erst dann wird es für DICH möglich werden
sie zuzulassen
und DICH von ihnen zu lösen

ALLES was war
IST ein SEIN
und geht über in ein SEIN was IST und WIRD

IST LERNEN von Anbeginn der Zeit an

Aber erst JETZT zeigt Lernen seine wahre Bedeutung
und wird als solches erkannt werden
Von Tag zu Tag wird DEINE Wahrnehmung klarer werden
und Schatten werden sichtbar

Es gibt so Vieles was EUCH unverständlich bleibt
Es ist ausreichend wenn DU weißt
dass das was geschieht
nicht ALLES ist

Es ist ausreichend JETZT zu erkennen
dass es ein DAHINTER gibt

Alles zeigt sich wenn es an der Zeit ist
Bleib zuversichtlich geduldig und voller Freude

DU kannst das Leben nicht verpassen
Alles kommt klar und wahr ans Licht

Sei wachsam und bereit weiter zu lernen
Mehr braucht es vorerst nicht

Du bist da
wo du sein sollst
ICH halte meine Arme
segnend über DIR.

21. August, 03:20 Uhr

Sei sicher in dem was DU tust
Vertraue dir selbst
Verunsichere dich nicht weiter
Hör auf DICH
Zweifle nicht länger an dem was DU hier hörst

DEINE Zweifel werden geringer in ihrer Wirkung
aber sie wirken noch
Alles was werden soll liegt in der Zeit

Beachte die Macht der Worte und ihre Wirkung

JETZT spürst du sie deutlicher denn je

Beachte sie auf neutraler Weise
und lass sie gehen ohne sie zu bewerten
Spüre ihre Wirkung und erkenne ihre gewaltige Kraft

Versuche mehr und mehr die Wahrheit zu filtern
Nur in der Wahrheit erkennst DU den wahren Weg

Die Zeit verlangsamt sich unmerklich

Schon bald wird DEIN Gefühl für Zeit sich verändern
und DEINE zeitlich begrenzten Erfahrungen werden sich
erweitern

Dann erkennst DU DEINE Botschaft klar

und wirst verstehen

Genieße die Vorfreude und die Zeichen

die sich JETZT deutlich zeigen werden

DEINE Freude erweitert DEINE Wahrnehmung

und DU entdeckst vieles neu

was vorher vor DIR verborgen blieb

Verlass das Ungute und Beklemmende

in DIR und außerhalb von DIR

Lass ALLES stehen was DICH bedrückt

Bald erkennst du den Sinn

Sieh nicht auf DEINE Zweifel

sieh auf den Grund und die Absicht DAHINTER

Alles was DICH beschwert und verletzt

schreit nach DEINEM DAHINTER SCHAUEN

Halte DICH nicht länger mit Oberflächlichkeiten auf

lerne ihre Masken zu enttarnen

Wenn IHR eine friedliche Welt wollt braucht es DIESE SICHT

braucht es den Willen zum ERKENNEN

der Welt DAHINTER

Nimm diese Aufgabe kraftvoll liebevoll und mit großer Geduld an

Kultiviere zuerst Ruhe Sorgfalt und Vertrauen in DIR

DEIN Lernen ist göttliches Lernen und im tiefsten Sinne lebens-not-
wendig
Nur dadurch gelingt es DIR
DICH von DEINEN Illusionen zu befreien

Diese Aufgabe wird sich für EUCH ungemütlich und beängstigend
anfühlen
Aber so ist es gewollt und kann nicht übergangen werden

Hüte DICH vor Bewertungen
und lass DICH nicht auf falsche Propheten ein
Sie nutzen Projektionen um zu beeinflussen
und in die Irre zu leiten

Projektionen sind die Versuche
Illusionen und Irrtümer
aufrecht zu halten

Du tust gut daran immer und immer wieder
in die Stille zu gehen
ohne die Bühne selbst zu verlassen

VERTRAUE

Die Kraft der LIEBE wird alles richten

Die Kraft der LIEBE wird alles lösen

Lebe und liebe mutig.

25. August, 03:45 Uhr

Der Wandel ist einschneidend
sonst wäre es keiner

Wo du Probleme siehst zeichnen sich Lösungen ab

Lerne und intensiviere es
ANDERS ZU SEHEN

Es kommt JETZT zu DIR

Bedenke die Konsequenzen die so werden wie DU sie erschaffst

Alles verläuft nach Plan
Der Plan ist neutral und hält sich an die Ewigkeit

DEINE Sichtweise wird den Plan so für DICH gestalten
wie DU ihn erwartest

Liebe das was ist und erinnere dich immer und immer wieder daran

Liebe ALLES
Schätze und lenke es
damit es das wird
was der Plan für DICH gedacht hat

Der Wandel erweckt JETZT DEINE Kraft

Halte dich an die Energie die in deiner Mitte lebt
und lenke die Kraft dorthin
Dort ist der Mittelpunkt DEINES SO-SEINS

ICH leite DICH in Sorgfalt und Ruhe

Das Licht der Sonne übersteigt den Horizont
und spiegelt sich in DIR

Nimm jeden Tag das Licht am Himmel in DIR auf
Verstecke DICH nicht vor ihm

Glaube nicht den Informationen die sich in dieser Zeit
geballt und falsch in DEINEM Feld ausbreiten

Höre nicht auf das was Dich in die Irre lenken will

Höre achtsam auf MICH und bleib ruhig
Ich leite und führe DICH

DEIN Herz und DEIN Geist sind so viel stärker und weiser als du
vermutest
Denke sie nicht länger klein und schwach

DU irrst DICH in DEINER wahren Kraft

Die Welt verändert ihr Gesicht und DU veränderst DEINES

So soll es sein

Der Wandel trifft auf einen großen Widerstand in EUCH

Der Gedanke an Veränderungen erscheinen EUCH unerträglich zu sein

Die Zeit der Verwirrung in und um EUCH ist groß

Sie vergeht jedoch schneller als DU ahnst

WISSE

ALLES was geschieht muss genau so geschehen

IHR braucht kraftvolle Bilder die unerträglich und grausam sein können

IHR wagt Veränderung fast immer nur durch LEID

Die Irrtümer liegen immer in EUREM Geist

ERKENNE und SCHÄTZE

das Gute hinter dem Bösen

auch wenn es für dich kaum zu ertragen ist

und DIR unmöglich erscheint

Die Irrtümer die sich zeigen sind EURE Schöpfungen

Halte die Energie der wahren schöpferischen Kraft in DIR aufrecht

Sie wird eins mit DIR sein sobald DU dich ihr zuwendest

Sie erfüllt DICH wenn du dich ihr öffnest

Sie wird wachsen wenn DU es DIR erlaubst

Sie ist neutral

Sie ist da wenn DU sie rufst

Lass DEINE Kraft in ALLEM wachsen was das Leben wachsen lässt

VERTRAUE

VERTRAUE.

26. August, 06:00 Uhr

Es quälen EUCH Gedanken die nicht mehr wichtig sind
Die nie wichtig waren aber für wichtig gehalten wurden
und noch immer Leid erschaffen

Was DEIN Gegenüber über DICH denkt ist das
was sie über sich selbst denkt

Das was sie über DICH denkt oder sagt
zeigt ihr Wesen
nicht DEINES

Für DICH gilt allein
was DU über DICH DENKST
Aber auch das ist nicht die Wahrheit die wie du weißt
immer DAHINTER liegt

Was DU über DICH denkst
ist nicht das
was DU wirklich bist

Deine Gedanken sind nicht DEINE Gedanken
Sie sind erlernte Gedanken die DU zu DEINEN gemacht hast
weil DU es nicht besser wusstest

JETZT aber werden sie zu etwas Störendem

Das was DU über DICH denkst
ist genauso unwahr
wie das was jede andere über
DICH denkt

Es ist eine Illusion
eine Bewertung
eine simple Vorstellung
eine Rolle
ein Spiegelbild

All dies bist DU nicht

DU BIST VON GRUND AUF MEHR
DU BIST VON GRUND AUF LIEBE

Es liegt JETZT an DIR ALLES abzulegen
was nicht zu DEINEM WAHREN SEIN gehört
LIEBE ist
WAHRHEIT
FREIHEIT
GRENZENLOSES SEIN

Jede Bewertung die DU Dir selbst oder anderen gibst
ist eine Begrenzung und
trennt DICH von DIR
trennt DICH von ALLEM

Bewertungen und Urteile an deren Wahrheit DU festhältst

halten DICH fest in DEINEM Getrenntsein

Bewertungen und Urteile haben keine Bedeutung

und keine Wahrheit

Sie dienen EUCH einzig zu EURER Orientierung

in einer unklaren Welt

und bedürfen einer ständigen Korrektur

Bewertungen und Urteile sollten niemals dazu benutzt werden

EUCH gegenseitig

auszugrenzen oder zu verletzen

Sie können unendliche Formen annehmen und unumstößlich

erscheinen

und doch sind sie vergänglich

SUCHE UND ERKENNE

in jedem Urteil in jeder Bewertung das DAHINTER

die Ursache

die Absicht

und die illusionären Geschichten die sich DAHINTER verbergen

Verliere DICH nicht in den Illusionen Anderer

deren Fallen überall lauern

Vergiss nie

DU BIST MEHR

DU BIST ALLES

DU BIST LIEBE

Liebe in ihrer vollendeten Form als kreative Schöpfung
von ALLEM

DAS und nur DAS
ist EURE wahre Bestimmung.

27. August, 05:30 Uhr

Es ist an der Zeit DEINEN Blick über das
was zu SEIN scheint
zu erweitern

DAHINTER wird sich DIR NEUES zeigen
Aber da gibt es noch viel mehr

Was DU JETZT erkennst ist die Vielfalt in der EINFACHHEIT

ALLES was DIR vertraut und bekannt ist
zeigt sich DIR JETZT
in seiner Vielfalt und Besonderheit

So wirst DU JETZT
FÜHLEN
dass nichts ist wie DU denkst dass es ist

Du wirst nicht nur ihre Bedeutung fühlen
sondern auch die Wirkung der Worte erfahren

Hinter den Worten steht eine machtvolle Wirkung

Sie wird sich DIR auf die Weise zeigen wie DU bereit bist
sie anzunehmen

Werde dir der kraftvollen Wirkung ALLER deiner Worte bewusst

Jede einzelne EURER Erfahrungen fließen nun zusammen

Gemeinsam erschaffen sie ein neues Ganzes

Auf diese Weise entsteht eine NEUE WELT

Die Erkenntnis EURER irrtümlichen Schöpfungen

erreicht EUCH

Endlich

In dem Augenblick indem DU erkennst

dass DU DICH geirrt hast

öffnet sich DIR eine neue Tür

Seit achtsam in welche Richtung DU DEINEN Blick wendest

Er sollte sich nicht länger in der Vergangenheit verirren

damit die endlose Wiederholung von Leid beendet wird

Verlier DICH also nicht in neuen Illusionen die

auf den alten Illusionen aufbauen

Richte DEINEN Blick über das Vergangene hinaus

Lass gehen was war

und würdige es als eine Feder in DEINEM bunten Kleid

Zögere nicht länger

und halte DEINE Kraft nicht weiter verborgen

Wie du längst weißt ist die Zeit der Angst vorbei

Die Wirkung deiner nächsten Schritte wird DIR
Mut und Zuversicht schenken
und die Gewissheit meiner Liebe zu DIR

DU gehst niemals allein auch wenn DU anders fühlst
Deine Wirkung in dieser Welt ist weitreichend
auch wenn DU DICH machtlos und hilflos fühlst

Erkenne DEINE unendlichen Energien
und die Illusion von Begrenztheit

Öffne DEINE Arme und DEIN Herz
Lass DEINEN Geist und DEINEN Körper in Freude tanzen

DU bist in dieser Welt um
DEINE Kraft und DEINE Wahrheit
zu entfalten.

Halte DICH nicht länger auf

DU wirst die Wirkung
DEINER wahren FREUDE
unmittelbar spüren

Nutze sie beherzt und grenzenlos

DEINE Schritte sind
voller Kraft und segensreich.

30. August, 01:40 Uhr

Es wird nicht einfacher wenn DU versuchst
zu kontrollieren

Lass Dich auf das ein was zu DIR kommt
Betrachte es und höre hin

Das was DICH am meisten an der Welt stört
ist ein Teil von DIR

Maße DIR nicht an die Wahrheit zu kennen
Die Wahrheit ist das was DICH überraschen wird
Die Wahrheit ist das was DU nicht erkennst
obwohl sie tief in DIR verborgen liegt

Hüte dich vor jedem der die Wahrheit zu kennen meint

ERKENNE
Jeder von EUCH erschaffst sich seine eigene Wahrheit
und glaubt daran
Dabei ist sie nichts weiter als eine starke Überzeugung die
übernommen und weitergegeben wurde
Über EURE Wahrheit kann nicht gestritten werden
weil EURE Wahrheiten nicht wahr sind

DIE WAHRE WAHRHEIT ist allumfassend und nicht kontrollierbar
Sie lässt sich nicht hinterfragen

405

Sie wird EUCH offenbart wenn es an der Zeit ist

In EURER Wahrheit spiegelt IHR EUCH selbst

DIE WAHRE WAHRHEIT berechtigt zu DEMUT
Auch DEMUT wird von euch missbraucht

DEMUT ist OFFENBARUNG

Sie ist nicht etwas das zur Schau gestellt werden sollte

Hüte DICH vor Übertreibungen
und vor Missbrauch wahrer Menschlichkeit
durch die Anmaßung von
DEMUT

Erkenne sie als Mittel zu Manipulation und reiße ihre Maske nieder

Wahre DEMUT braucht keine Worte und keine Erklärungen

ERKENNE und BENENNE den tiefen Wert ihrer Stille

Im Angesicht von DEMUT tritt Stille ein und jegliches Geschrei
verstummt
DEMUT spricht eine Sprache die ohne Worte auskommt
Worte können niemals ausdrücken was WAHRES SEIN vermag
Hier sind Worte störend wenn nicht sogar zerstörend

ERKENNTNIS und OFFENBARUNG kommen in der Stille

Im Augenblick wahrer DEMUT schenkt DIR FREUDE
neue Worte die DICH in DEINER Sprachlosigkeit
erfüllen werden

Warte nicht darauf, dass sich DIE NEUE WELT
laut und mit Trommelwirbel aus der Asche erhebt
SIE IST BEREITS

Werde still und wisse
DAS NEUE erschafft sich schneller als DU denkst

Erwarte Wunder und bereite ihnen ihren Weg.

01. Sept. 02:40 Uhr

Erklärungen zu suchen bedeutet nicht
Lösungen zu suchen
Erklärungen sind Versuche zu verstehen
damit Ruhe einkehrt

Aber nur selten findest DU die wirklichen Gründe für das was DU
lernen darfst
denn nie wird es DIR zeitnah offenbart
sonst wäre es kein Lernen

Der Plan hinter allem ist nicht DEIN Plan

Erst wenn DU den wahren unbekannten Plan hinter ALLEM
akzeptierst und annimmst
wird er zu DEINEM PLAN

Das ist der Moment in dem keine Erklärungen mehr nötig sind
und DU erkennst ihre Unverlässlichkeit und Sinnlosigkeit

Die einzig wahre Erklärung die es zu erkennen gilt
ist die Unbegreiflichkeit des Lebens

Alles Leid hängt mit DEINEM Wunsch nach Kontrolle zusammen
Dieser Wunsch ist ein zutiefst mächtiges Verlangen
Ihn nicht weiter zu verfolgen bedeutet eine Aufgabe für
jeden von EUCH

Lass deine Kraft nicht verlorengehen weil DICH
die Angst vor dem Verlust von Kontrolle schwächt
Lenke DEIN Verlangen nach Kontrolle hin zu einem Verlangen
nach Ruhe und Gelassenheit

Ersetze DEINE Verunsicherung durch den Wunsch
nach tiefem Vertrauen und Zuversicht

Vertrauen und Zuversicht sind die Grundgefühle einer NEUE WELT
Stärke sie in DIR und verschenke sie großzügig
Sie auszudehnen und nicht einzugrenzen ist EURE AUFGABE

DEIN KÖRPER ist DEINE Verbindung zur Welt
Er gibt DIR die Antwort auf DEINE Gedanken und Gefühle
Immer dann wenn DEIN Körper schreit
grenzt Angst ihn ein
Achte sorgfältig auf ihn damit DU DICH in ihm erkennst

VERTRAUEN und ZUVERSICHT sollen ab JETZT
DEINE Wegweiser sein
und sich auf ALLES legen was DIR begegnen

VERTRAUE GRENZENLOS
in grenzenlosem MUT

Von Beginn an ist VERTRAUEN die Basis des Lebens
Vergessen und verdrängt verkümmert es in EUREN Herzen

Dabei ist VERTRAUEN das Urgefühl das all eurer Gefühle prägt

Erinnere DICH und schütze es liebevoll

Gewinne DEIN URVERTRAUEN zurück
und gib es weiter in die Welt

NICHT-VERTRAUEN ist die einzige Erklärung
EURES getrennten SEINS
VERTRAUEN ist die wahre Lösung gegen jegliche ANGST
die du erlernt hast

VERTRAUEN und ANGST sind Geschwister die sich in LIEBE
verbinden müssen

Nur so wird ANGST zu dem was sie in WAHRHEIT ist
der Antrieb zu RUHE und SORGFALT
der Antrieb zu MUT und SELBSTVERTRAUEN

Lass VERTRAUEN
DEINE ANGST liebevoll umarmen
damit DEINE KRAFT frei werden kann.

03. September, 03:10 Uhr

Nichts verunsichert mehr
als Zeichen die IHR nicht versteht
weil IHR ihre Bedeutung vergessen habt

Durch die Unruhe in EUREN Köpfen lasst IHR Wesentliches
verstreichen ohne es zu bemerken

IHR verstrickt EUCH in Falschem
weil es EUCH in Bewegung hält

Dabei zeigt sich Wesentliches eindrücklich und klar
in ALLEM DAHINTER
aber IHR stellt EUCH blind

Es gibt zu viel Chaos in EUCH
und um EUCH herum

Je mehr Chaos EUCH bewegt
umso mehr bewegt
IHR das Chaos

WERDE RUHIG
WERDE STILL

Kultiviere eine unumstößliche Ruhe in DIR
um DEINE ZEIT zu FINDEN

411

Hier liegt der Schlüssel für deine Gesundung

RUHE IN DIR und SCHÜTZE DEINE ZEIT

Halte DICH nicht weiter an der Oberfläche auf
weil deine UNRUHE
ein TIEFERGEHEN verhindert

Du darfst DICH zurücklehnen
DEINE ZEIT ist unendlich

DU bist weder die Kontrolleurin noch die Lenkerin DEINES LEBENS
DU BIST DIE GESTALTERIN

GESTALTE

Erwarte ALLES
und gestalte es so dass es heilsam und schöpferisch IST
Liebe ALLES
Forme es nach besten Kräften sorgfältig und ruhig

Alles was für DICH bestimmt ist
Kommt

DU allein nimmst dein Leben an und gestaltest es
oder lässt es durch Andere gestalten

Gib DICH nicht selbst aus der Hand

ALLES was zu DIR kommt ist ALLES

Erweitere DEINEN Raum

Alte Verkrustungen fallen JETZT von DIR an
Verurteile und bewerte NEUES nicht bevor
DU es nicht wirklich kennst
Erwarte wie sich ALLES in seiner Gesamtheit zeigen

Liebe die Stille die tief in DIR liegt
Sie gibt DIR Weisheit
Sie lässt DICH erkennen
In ihr findest und hörst DU
MICH.

06. September, 00:05 Uhr

Öffne DEINE Augen und schau genau hin
Jegliches Wegschauen
verdeckt DEINEN WEG

Übe DICH darin erst genau zu schauen
bevor DU eine Wahl triffst

Verwechsle Schauen nicht mit Sehen

Die Schau erweitert DEINEN BLICK
und senkt sich tief in das was
DU durch Sehen nicht erreichst

Geh langsam voran
DER WEG wird nun etwas holprig

Verweile nicht in Sorgen oder Phantasien
Setze DICH darüber hinweg und
WARTE

Das was gesehen werden muss zeigt sich nun deutlich
Und doch ist es nichts
vor dem DU DICH fürchten müsstest
Es ist anders weil DEINE Augen sich klären
Um dich herum geschieht Außergewöhnliches
Nicht jeder darf so tief in das Leben eintauchen

Bewerte nie illusionär

Warte und erkenne

Erkenne mehr und mehr DEN PLAN der hinter allem steht

und nicht kontrolliert werden kann

Werde nun endlich frei von jeglichen illusionären Ängsten

Sie sind überflüssig sinnlos und haben keinerlei Wert

JETZT wirst DU Zeuge von Außerordentlichem

Erwarte das um was DU bittest

Die Zeit der Isolation löst sich

In Zuversicht bekommst DU die Kraft die DIR zusteht

und verteilst sie aus vollem Herzen

Kein Leben lebt allein

Leben ist allumfassend.

07. September, 02:07 Uhr

DEINE Gedanken sind nicht das Leben

DU kannst verbunden mit DEINEN Gedanken
Krisen Leid und Katastrophen erleben
die nicht existieren

DU kannst aber auch Wunder und Glückliches SEIN erleben
wenn DEINE Gedanken mitspielen

Glaube nicht was DU DIR an Illusionen und Phantasien erzählst
Es ist niemals die WARHRHEIT

Und doch lenkt es DEINE Geschichte
und das Erleben DEINER Welt
Es lenkt ALLES von dem DU berührt wirst

DEINE GEDANKEN bewegen sich und DICH
nicht nur in DEINEM Kopf

WERTSCHÄTZE und HÜTE sie
und unterschätze niemals ihre Macht

Sie sind die Treibkraft DEINES Wirkens in der Welt

Sie sind mächtiger als Worte und Taten denn
sie sind deren Urheber

Sie wirken durch die Zeiten hindurch

Sie haben eine lange Wirk- und Lebensdauer
nicht selten wirken sie ein Leben lang

Beobachte sie
Nimm sie ernst und hole sie ans Licht
damit DU die Wellen erkennst
die sie schlagen

Erst wenn DU sie erkennst kannst DU Ihr Meister sein
Erst dann ist wahre Veränderung möglich

Betrachte vor allem die versteckten Gedanken hinter DEINEN
Gedanken
Sie zeigen DIR
DEINE wahren Beweggründe
DEINE wahren Absichten
Mach DICH bereit
für ein überraschendes Gewahrwerden
DEINER wirklichen Motive
hinter DEINEM SO-DENKEN

Dabei unterschätze niemals die Kraft DEINES Verstandes

Erst im Gewahrwerden DEINER wahren Gedanken
verstehst DU seine Doppelbödigkeit

417

Es ist in diesem Leben nicht möglich die Begrenzungen deines Denkens

aufzuheben

Aber es ist möglich auf diese Weise deinen geistigen Raum zu erweitern

und DEINEN Geist in seiner Vielfalt zu nutzen

Du musst nicht rennen um voranzukommen

Es braucht keinerlei Anstrengung um DEIN DENKEN zu befreien

Werde still

Beobachte

und öffne die Türen DEINES gedanklichen Käfigs

Frage nicht nach dem WIE

Auch die Frage nach dem WIE

ist nichts als ein Gedanke

Lass DEIN LEBEN selbst das WIE sein

DEIN Leben ist viel mehr als das

was DEINE Gedanken daraus konstruieren

Erschöpfe dich nicht weiter in illusionärem starrem Denken

Schau hin und er-lebe das Leben

DU bist mehr als DEINE Gedanken
mehr als DEINE Gefühle
DU bist BEWUSSTES SEIN

BEWUSSTES SEIN ist gedanklich nicht erfassbar
denn es ist frei und unermesslich

Es ist ALLES was das Leben offenbart
wenn DU bereit bist
ALLES anzunehmen.

08. September, 03:15 Uhr

Beginne JETZT
das was DU hörst nicht nur zu verstehen
sondern auch zu erkennen
indem DU es lebst

Worte bleiben leer wenn sie nicht gelebt werden
Zuversicht bleibt ein leeres Wort
wenn DU Zuversicht nicht lebst
Offenheit bleibt ein leeres Wort
wenn DU Offenheit nicht lebst

Veränderung zu leben ist JETZT die nächste Stufe

Zuerst kommt die Sehnsucht
dann der Gedanke
dann das Wort
dann bewusstes Handeln
und letztendlich lebendiges SEIN

Erst durch Handeln gelangt das Wort zu lebendigem SEIN

Gefühle
Gedanken
Worte
Handeln hinterlassen Spuren
Lebendiges SEIN hinterlässt Wege

Erkenne DEIN SEIN in dem was sich DIR zeigt
und verweile eine Zeitlang dabei
Hinterlässt DU Spuren
oder hinterlässt DU Wege

So kommt durch DICH in die Welt was sich manifestieren will
DU wirst die Wirkungen auf DICH und Andere unmittelbar spüren

Auch wenn sich ungewohntes Handeln ungewohnt anfühlt
bleib dabei und SEI

Gehe Schritt für Schritt in Zuversicht und Offenheit
Lass DICH von Zuversicht und Offenheit an die Hand nehmen

Nutze die gemeinsame schöpferische Kraft DEINES GEISTES
und DEINES KÖRPERS

Sie ist unermesslich und ewig
und dehnt sich in der Welt aus
wenn sie genutzt wird

Bleib beharrlich auf diesem JETZT eingeschlagenen Weg

Verlass ihn nicht
und lass DICH nicht von ihm abbringen

VERTRAUE
JETZT
ZUERST
DIR
SELBST.

09. September, 03:10 Uhr

Die Welt wandelt sich schneller als DU denkst
Es ist nicht angemessen sich darüber zu sorgen
Der Wandel geschieht ohne DEIN Zutun

Er geschieht ob DU DICH sorgst oder nicht
Er geschieht und wird nicht aufgehalten werden
Er geschieht auf eine Weise die verunsichert
aber bald verstanden werden wird

Alle Helfer dieser Welt sind bereit

DEINE Botschaft wird erkannt auch wenn du selbst
nicht daran glaubst

In dem Augenblick in dem DU selbst an DICH glaubst
wird FREUDE in DIR lebendig

ERWARTE FREUDE und richte DEINE Sinne danach aus
Es gibt keinen Grund FREUDE auszuschließen
Sie wartet überall auf DEIN offenes Herz

Wage es DEIN LEBEN
mit maßloser und grenzenloser FREUDE zu füllen

Jegliche Gedanken an

Mangel

Scham

Leid

Groll und Gram

sind vorübergehend und begrenzt

Halte sie nicht bewusst in DIR fest

Sie gehören nicht mehr in die NEUE WELT

Sie gehören nicht mehr zu DIR

ERKENNE und halte DICH an

die Wichtigkeit

das Wahre und

die Not-Wendigkeit

dieser Worte

Löse DICH JETZT von alter Schwere

Die Schwere gehört nicht mehr zu DIR

und nicht in die NEUE WELT

Betrachte sie ein letztes Mal in Würde

und gib sie zurück in das Licht der Ewigkeit

Nichts in EUREM Leben ist beständiger als

LIEBE und FREUDE

Sie werden EUCH durch den WANDEL dieser Zeit neu offenbart

Kümmere DICH um die Schönheit deines Körpers

Jeder Körper lebt in Schönheit die gelebt werden muss

Die Schöpfung ist in ihrer Gesamtheit auf Schönheit aufgebaut

Entferne auch hier den Schleier von Mangel und Verlust

Nutze DEINE Kraft

SEI DU selbst DER WANDEL

auch wenn DU den Weg nicht kennst

Der Weg mag sich fremd und unwirklich anfühlen

So soll es sein

Nimm es an

Gewöhne dich an das Erleben von Ungewöhnlichen

JETZT

kommt die Zeit

der WUNDER

ERWARTE sie in

FREUDE

WUNDER offenbaren sich

in der liebevollen Akzeptanz

von ALLEM.

11. September, 03:45 Uhr

Wenn DU DEINEN Blick und DEINE Gedanken
zum GUTEN hinwendest
wird DAS GUTE sich DIR zeigen

Durch DEINE ACHTSAMKEIT wird es wachsen und sichtbar
werden
Es wird Form annehmen und DICH überraschen in einer Form
die DU nicht erwartest

Dein Blick auf DAS GUTE im Nicht-Guten überwindet
das Nicht-Gute

So gesehen veränderst DU DEINE Welt indem DU
DEINEN BLICK veränderst

Dies ist eine Botschaft die DU weitergeben wirst
auch wenn DU kein Gehör findest
Die Botschaft selbst findet ihren Weg

Der richtige Blick zusammen mit wahren Gedanken
verändert augenblicklich
DEIN GEFÜHL
Dies erfordert kein großes Tun
Oftmals erfordert es ein Nicht-Tun

EURE Fähigkeit zu bewusster Konzentration und Achtsamkeit
ist mehr und mehr zu einer vergessenen und vernachlässigten
Fähigkeit
geworden
IHR seid auf einem falschen Weg
auf dem IHR zu Lernen verlernt
Unwichtige unwahre Information überfluten
EUREN GEIST und EURE ZEIT
So vergesst IHR warum IHR HIER seid

IHR seid ihm Begriff den Zugang zu EUCH selbst zu verlieren

Halte inne und überprüfe das was sich DIR an Gerede in den Weg
stellt
Filtere das GUTE und WAHRE heraus
Nur ihm wende DICH zu und konzentriere DICH in Achtsamkeit

Verschließe dich nicht dem Leid und den Herausforderungen
dieser Welt
Vergrößere sie jedoch nicht durch DEINE Teilhabe

Bewahre LIEBE und die SCHÖPFERISCHE KRAFT
bei allen Entscheidungen
in DEINEM Herzen und in deinem Geist

Geh Schritt für Schritt
Augen-Blick für Augen-Blick

Stelle DAS GUTE an deine Seite

ERKENNE
Noch schaust DU nicht DAHINTER
obwohl DU weißt
dass es immer ein DAHINTER gibt

Konzentriere DICH ohne Erwartung auf dieses Wissen
Wenn es an der Zeit ist wird DIR offenbart
was DIR offenbart werden soll
DEIN HERZ will frei sein und DEIN GEIST klar
Das ist ihre Natur

Es geht um viel mehr
als um das was sich DIR
an der Oberfläche zeigt

Noch ist DEIN VERTRAUEN begrenzt

Aber das Licht lässt sich nicht aufhalten
und wird es zum Strahlen bringen.

13. September, 01:45 Uhr

Liebes Kind verweile im Augenblick

Verlasse das was war und nimm nicht voraus
was nicht für dich bestimmt ist

Lass den Augenblick lebendig sein und nutze ihn
Geh mit ALLEM was DIR JETZT in LIEBE die Hand reicht

Entdecke die unendlichen Möglichkeiten
und die Größe DEINES Da-SEINS

Werde DIR mehr und mehr der augenblicklichen Wirklichkeit
bewusst
Erkenne staunend die unendliche Wirklichkeit und
die wundervolle Vielfalt ALLEN Lebens

ALLES vergeht
und wird wieder und wieder neu geboren
und DU bist ein Teil davon
Nimm nicht vorweg was niemals kommt

Öffne DICH für
DIE FÜLLE
DIE WUNDER DES LEBENS
und DEN GEPLANTEN WEG

Vertraue darauf dass die Welt nie vergeht
das Leben sich aber in einem ständigen Wandel befindet

Sei DIR all dessen bewusst aber denke nicht darüber nach

Es gibt nichts das DU
durch Denken aufhalten kannst

Die Jahreszeiten verändern die Farben der Erde
Ihre Botschaften sind klar
Sie sind für EUCH gedacht

Lass Verblühtes von DIR abfallen
und gönne DIR eine Zeit der Ruhe
Geh und verbinde DICH mit der Natur
um von ihr zu lernen
Lausche ihrer Sprache
Nimm ihre Farben in DIR auf
DU bist Natur

Werde still und fühle ALLES in DIR wachsen und vergehen
Denke nicht darüber nach
LEBE ES

Leben ist Natur sowie Natur Leben ist

Versuche der Menschen dieses Gesetz zu verändern
scheitern Tag für Tag

Schaue auf DEINEN KÖRPER und DEIN Leben
Sie lehren DICH mehr als alle Worte dieser Welt

Stell nicht Schwäche oder Mangel in den Vordergrund DEINER Aufmerksamkeit

Im Vordergrund allen Lebens steht LIEBE und VERTRAUEN
Sie gehören auf das Podest von dem IHR sie entfernt habt

ICH werde DICH immer und immer wieder erinnern
denn das ist DEINE BOTSCHAFT von Anfang an
Mehr braucht es nicht

Geh und lass DICH nicht von diesem Weg abbringen
DIES ist DEIN WEG

DU bist immer am richtigen Ort
DU handelst immer gemäß DEINER AUFGABE
Diese Zeit ist für DICH immer die richtige Zeit

Etwas anderes als das was JETZT und HIER geschieht
ist nicht geplant

ALLES was IHR aus dieser Botschaft macht
macht IHR für EUCH selbst
und für die WELT
Der Plan bleibt davon unberührt.

14. September, 04:00 Uhr

Der Herbst ist die Zeit des sichtbaren Wandels
Das was IHR gesät habe zeigt JETZT seinen Wert
Unkraut wird entfernt
Der Boden frisch bereitet
Die neue Saat wartet längst

Was nicht mehr gebraucht wird
wartet an einem ruhigen Platz
oder wird für immer weggelegt

Im Haus kehrt Ruhe und Gleichmut ein
Die Ernte lässt ahnen wie der Winter wird

JETZT ist es an der Zeit genauer hinzuschauen
was bleiben und was gehen darf

Betrachte nun ALLES mit Ruhe und Sorgfalt
ordne und korrigiere

Diese Zeit ist herausfordernd und verunsichernd
Sie muss bewusster erfahren werden als in allen Zeiten zuvor

Jegliche Form von Bewertungen und Urteilen sind JETZT
genau zu betrachten
zu ordnen
zu korrigieren

Illusionen und Verletzungen streben an die Oberfläche
die DICH zutiefst berühren werden

JETZT unterscheiden sich Wahrheiten die Bestand haben
von Illusionen die DICH in die Irre führen

ERKENNE
Um DEINEN RAUM zu erweitern musst DU für ALLES
DEINE Arme öffnen

Wenn DU mehr willst musst DU mehr SEIN

Wenn DU DICH eingeengt fühlst sprenge zuerst
DEINE inneren Ketten
Tritt einen Schritt zur Seite um Lösungen in DIR zu finden
die DU nicht im Außen findest

Das was sich DIR im Außen zeigt ist nur ein Spiegel
Das was DIR fehlt findest DU dort nicht

Du findest niemals Fülle
wenn DEIN BLICK am Mangel festhält

Erkenne und lebe DIE FÜLLE in ALLEM
auch wenn DU sie nur erahnst

Veränderung geschieht mal leicht und mal schwer

Veränderung geschieht leicht
wenn der Boden dafür bereit ist

Die Zeit dafür ist JETZT
Sei achtsam

Bereite DEINEN Boden in Ruhe und Sorgfalt vor
Lege eine gesunde Saat in DEINEN BODEN
Der Boden ist LIEBE

Habe Geduld und nutze tiefe Ruhe und achtsame Sorgfalt
damit das in DIR wächst
was ewig wächst

Beschütze und bewahre die Triebe
die sich offenbaren
und verschenke sie großzügig

SEI besonnen
und lass DEIN Herz sich freuen
auch wenn die Zeit drängt.

16. September, 23:15 Uhr

Das Spiel der Mächtigen mit der Angst der Ohnmächtigen
bekommt einen weiteren Schub

Angst macht EUCH kopflos

EURE Augen sehen einseitig und ungenau
EURE Ohren hören durch all das Geschrei keine Wahrheiten mehr
Ein Schleier liegt sich über EURE Herzen und EUREN Verstand

Sieh DICH um und hör hin
Erkenne das Ausmaß EURER Verstrickungen durch Angst und
Lüge
Auf diese Weise kommt Unglück und Leid in die Welt
Die Wirkung EURER Ohnmacht zeigt sich in Mutlosigkeit und
Trägheit

Das Chaos zeitnaher einschneidender Veränderung
ist geplant

Auf diese Weise wird diese ZEIT EUCH und EUREN Kindern
im Gedächtnis bleiben

Die Zeit der Zäsur erreicht bald ihren Höhepunkt
Danach kehrt Ruhe ein

Die Angst in DIR zeigt DIR das Ausmaß der Angst in der Welt
und umgekehrt

Sei DIR der Wechselwirkung jeglicher Prozesse bewusst
Noch ist EUCH nicht klar wie naturgemäß und eindeutig
EURE unkontrollierten Gedanken und Gefühle
jegliches Leben bestimmen

Diese Bewusstwerdung vollzieht sich JETZT schneller als je zuvor
und IHR werdet endlich EURE VERANTWORTUNG
für EUCH und das LEBEN in dieser WELT
erkennen und annehmen

EURE Aufmerksamkeit lenkt den ewigen schöpferischen Fluss
allen SEINS

DU hast bereits begonnen das Wort
AUFGABE
in seiner Doppeldeutigkeit
zu verstehen

AUFGEBEN ist ein machtvolles Instrument des ERSCHAFFENS

AUFGEBEN bedeutet nicht Verlust

AUFGEBEN bedeutet FREI LASSEN und FREI WERDEN

FREIGELASSEN wirst in erster Linie DU SELBST

AUFGEBEN ist kraftvoll und erweitert DEINEN Raum

ALLES verläuft nach einem eigenen Rhythmus
BE-SCHWERE DICH nicht länger mit falschen Illusionen

Lass DEINE Freude frei
indem DU alles nicht in DEINER Macht stehende aufgibst
Gib auf und befreie DICH
Es gibt nichts
was nicht aufgegeben werden kann
um frei zu sein

Unkontrollierbares festzuhalten bedeutet
DEINE Ohnmacht festzuhalten
Schau hin wie beides sich auflöst
wenn DU DICH
dafür entscheidest

Schon wird die Welt um DICH heller und klarer
Stell keine Fragen
SEI.

18. September, 04:15 Uhr

Immer wenn DU aufgibst
weil DU glaubst festzustecken
schiebt sich eine neue Tür auf

DU weißt das aber DU glaubst es nicht

DEIN Wissen ist groß und klar
aber DU glaubst nicht an das
was du weißt

Tief in DIR lebt ein großer Zweifel

Dieser Zweifel ist der wahre Grund DEINES Feststeckens

Es ist der machtvolle Zweifel daran SEIN zu dürfen

Es ist der Ur-Zweifel daran göttlich zu SEIN

DEIN WISSEN IST
aber DU glaubst nicht an DICH

Gleichzeitig glaubst DU an Illusionen ohne
zu wissen
DEINE Gedanken bilden Luftblasen aus falschem Glauben
und falschem Wissen

ERKENNE

Es gibt nichts zu glauben und es gibt nichts zu wissen

ES GIBT NUR ZU SEIN

Diese Erkenntnis ist nicht einfach

DU kannst sie nicht wissen und DU kannst sie nicht glauben

DU musst DICH auf den Weg machen um sie zu erfahren

DU erfährst sie indem DU

glauben und wissen wollen aufgibst

und beides durch VERTRAUEN ersetzt

Schau hin wie Leben verläuft

Leben ist ein Anhäufen von

Glauben

Wissen

und Erfahrungen

Nichts davon wird DICH erfüllen

wenn DU nicht BIST

Alles, was DU in diesen Stunden der Nacht hörst und schreibst

dient nur einer Erkenntnis

SEI

SEI ALLES WAS IST

Nutze Körper Geist und DEINE Seele für das was IST

Glauben und Wissen sind Spiele der Illusion
Sie dienen DIR als Lernmittel um DIR zu zeigen
dass nur das IST was IST

Nutze DEINE kindliche Neugier auf alles was sich dir bietet
Erschrecke nicht und zieh DICH nicht davor zurück
ALLES bietet sich jedem von EUCH
und unterscheidet sich einzig in der Form die DU erschaffst
Nur in dem was JETZT IST und was DU als DEINES annimmst
bietet sich DIR die Möglichkeit den Ur-Zweifel in Dir
aufzugeben

Leben ist
Leichtigkeit und Schwere
Freude und Leid
Trauer und Lust

Leben IST ALLES IN ALLEM und in ALLEM ALLES
DEIN LEBEN ist ALLES in DIR

Vergleiche DICH nicht mit Anderen
Jeder von EUCH sucht das ein Gefühl
Jedem von EUCH begegnet es
zu jeder Zeit
an jedem Ort
gleichermaßen

Jeder sucht LIEBE.

20. September, 04:15 Uhr

HEUTE

ist immer der Augenblick der DIR

DEIN SEIN bewusster macht

HEUTE ist der erweiterte Kreis des JETZT

HEUTE wirst DU ein bewusstes VER-LASSEN erleben

Erneut und endgültig darfst DU HEUTE verlassen

was verlassen werden kann

DEIN Elternhaus

DEINEN Geburtsort

Menschen die DICH längst verlassen haben

Wünsche und Träume die DIR seit Beginn an im Wege stehen

VERLASSE HEUTE

den Weg der Kontrollsucht

der Aufmerksamkeitssucht

des Rechthabenwollens

DICH selbst quälende Süchte die DIR Energie und Kraft entziehen

weil sie nirgendwo hinführen

VERLASSE

den Weg

des Erduldens

des Ertragens

des Mangels und des Opferseins

weil diese Wege dich an Orten festhalten
an denen DU nichts mehr zu suchen hast

HEUTE
Beginnst DU DICH SELBST zu verlassen
damit DU DICH endlich wiederfinden kannst

Ein wahrer Prozess der Reinigung um Raum zu schaffen

Nichts darf bleiben was die ENT-WICKLUNG blockiert

DU erfährst JETZT den heilenden Prozess
des VERLASSENS
das Gegenteil von Festhalten
das Gegenteil von Anhaften

VER-LASSEN
Im VER-LASSEN liegt eine tiefere Qualität

Anders als im LOSLASSEN berührt dieser Prozess
DEIN Herz denn
VER-LASSEN ist etwas Endgültiges

Endgültig bedeutet ein Aufheben von Wirksamkeit

LOS-LASSEN dagegen dient nicht selten als Alibi
für ein nicht VERLASSEN WOLLEN

LOS-LASSEN hält eine Hintertür offen
bindet DICH weiter
denn es gelangt nicht zum Herzen

LOS-LASSEN ist vielfach ein Versuch des Verstandes
auszuweichen und wegzuschauen
Mach DICH auf tiefe Erinnerungen gefasst
und auf Bilder die DEIN Herz berühren

VERTRAUE
Lass DICH leiten

Alles was geschieht
geschieht sinnvoll und geplant

Der Unterschied von VERLASSEN zu LOSLASSEN
wird DICH erstaunen

ERKENNE die nachhaltige Wirksamkeit eines halbherzigen
LOSLASSENS
Und sei bereit die Oberfläche DEINER SELBST zu VERLASSEN

Erst wenn DU verstehst wie heilsam bewusstes VER-LASSEN ist
bist du frei

Deine inneren Türen öffnen sich behutsam für DICH

VERTRAUE

Besonderes geschieht

DU verlässt alte Geschichten damit sich

NEUE GESCHICHTEN die in DIR warten

endlich entfalten können.

22. September, 01:50 Uhr

Wer sagt dir wer du bist
wenn nicht DU

Wer erinnert DICH Tag für Tag an DEINE selbstgemachen Regeln
wenn nicht DU

Niemand außer DU selbst gibst DIR
Anweisungen
Ideen
Regeln
Erkenntnisse
Wünsche
Bilder
Vorstellungen
Erinnerungen
Bewertungen und die Beurteilung DEINES selbst

DEINE INNERE STIMME die all dies infrage stellt
bin ICH
Nicht jeder hört seine INNERE STIMME seine INTUITION
aber jeder hört auf SIE

DEIN BEWUSSTSEIN entscheidest
ob sie für DICH
hilfreich
nützlich

einschränkend
bedrohlich
kontrollierend oder
liebevoll ist
DURCH DEIN BEWUSSTSEIN hast DU die Macht
DICH zu entscheiden

Nicht ICH habe die Macht
Ohne DICH bin ICH nicht

Allerdings kenne ICH DICH besser als DU DICH jemals kennen wirst
denn ICH bin DU in ALLEM

ICH bin diejenige die ALLES erfahren hat was
DIR zu erfahren gegeben wurde

ICH und DU leben in einer schöpferischen Gemeinschaft
oder in einer einschränkenden
ICH BIN die Verbindung zu allen Teilen in DIR
die DIR bewusst oder nicht bewusst sind

ICH bin nichts außerhalb von DIR
und doch bin ICH mehr als DU ahnst

ICH BIN immer und überall DEIN Spiegel
die Chronik DEINER Erfahrungen
DEINE Erinnerungen
die Schätze DEINES Unterbewusstseins

die Hand zu DEINEM Überbewusstsein

Noch verunsichert es DICH MICH wahrzunehmen als sei
ICH jemand der DIR nahesteht

ERKENNE
DU selbst bist ALLES
der SPIEGEL
die CHRONIK DEINER ERFAHRUNG
DEINE ERINNERUNGEN
die Schätze DEINES UNTERBEWUSSTSEINS
die Hand zu DEINEM ÜBERBEWUSSSEIN
DEINE REGELN
WÜNSCHE
VORSTELLUNGEN
BILDER

ICH BIN der Teil in DIR
der DIR ALLES in DIR zeigt

Aber auch das beschreibt nicht annähernd
UNSER WAHRES GEMEINSAMES SEIN
das unbeschreiblich ist

Nichts kann ihren Kern zerstören

Die Fähigkeit DEINES Bewusstseins sich auszuweiten
unterliegt der natürlichen universellen Fähigkeit

Nimm diese Erkenntnis an und gib sie weiter

Nutze DEINE Worte aber auch DEINE erweiterte Sicht
die DIR alles zeigen wird was DU bereit bist zu sehen

DU BIST ALLES
und jeder der DIR begegnet ist ebenfalls ALLES
DEIN Blick wird klarer
und erweitert sich von Tag zu Tag
DEIN wachsendes VERTAUEN trägt DICH

In den Zeiten von
DUNKELHEIT und VERWIRRUNG
braucht es
in LIEBE erfüllte strahlende
HERZEN

Sie sind die SIGNALE der NEUEN WELT.

24. September, 03:10 Uhr

Die Natur zeigt DIR wie DU
DEINEN Körper und DEINEN Geist
auf diese Zeit einstellen kannst

Altes vergeht und wird von der Erde zurückgenommen
Ruhe kehrt ein

Es bleibt die Gewissheit
eines erneuten Aufblühens und Wachsens
nach dieser Zeit der Ruhe

Nicht überall auf dieser Welt wirkt der Kreislauf der Natur
so deutlich wie in DEINER Welt

Der Plan jedoch ist überall der Gleiche

Spüre nun deutlich DEINEN ur-eigenen Rhythmus
Nimm ihn als den DEINEN an
damit er DIR zum Segen wird

VERLASSE das was nicht zu DIR gehört

ICH werde DICH weder antreiben noch korrigieren

Ich lenke DEINE Aufmerksamkeit und leite DICH
In LIEBE

Lege jegliches inneres Getrieben-SEIN ab
denn es ist nicht DEINS
Es ist DIR
von DIR selbst anerzogen
weil DU dachtest es sei wie DU
Getrieben-SEIN verwirrt und verbrennt DEINE Energie
die DU wertzuschätzen und zu bewahren hast
Fühle in DIR die LIEBE die zu jeder Zeit
DEINEN Umgang mit DIR selbst bestimmt

Fühle DIE LIEBE in ihrer WAHREN NATUR

In dieser LIEBE zu DIR selbst
kommt ein Getrieben-SEIN nicht vor

Sie wird erlernt aus einer NOT heraus die es
zuerkennen und aufzulösen gilt

DEINE NOT ist JETZT keine NOT mehr
Sie ist zu einer Illusion geworden
die sehr alt und unbrauchbar geworden ist
Und doch treibt sie DICH durch DEIN Leben
obwohl sie nicht einmal zu DIR gehört

ERKENNE sie damit DU sie verlassen kannst

Suche sie bewusst in der Unruhe DEINES Geistes
damit Ruhe in DIR einkehrt die JETZT gebraucht wird

Spüre DEINEN natürlichen Rhythmus
und drossele die Geschwindigkeit

Die Geschwindigkeit wird sich weiter steigern
wenn der UN-SINN des Getrieben-SEINS
in DIR und in DER WELT nicht beendet wird

Je schneller IHR eilt um nach Illusionen zu hetzen
umso mehr verliert IHR EUCH selbst

Am ENDE steht IHR alle mit leeren Händen dort
wo sich der Anfang von ALLEM befindet
Halte ein und beende diesen UN-SINN damit DU
nicht am Leben vorbei rennst

Ergreife die Hände die sich DIR entgegenstrecken
und blicke in die Augen derer die auf DICH warten
Werde still und warte

Schau DICH um und erfreue DICH an den Farben DEINES LEBENS

DEINE innere Not ist wertlos und alt
aber nicht wirkungslos
Verlasse sie in Wertschätzung ihrer ursprünglichen Absicht

Sie ist ein Relikt der Flucht vor DIR selbst und dem Leben
Erlaube ihr auch DICH zu verlassen
Fürchte DICH nicht mehr vor ihr

Es ist an der Zeit
Vieles wird verlassen und zurückgegeben

Die ZEIT
in einer NEUEN WELT
hat längst begonnen
Strecke DEINE Hände aus und lass geschehen.

27. September, 01:30 Uhr

Die Verantwortung liegt ganz allein bei DIR
Erwarte nichts
Füge die Fragmente all DEINER Erwartungen zusammen
und verbrenne sie im Heiligen Feuer der Wahrheit

Die WAHRHEIT ist
dass DU allein die Verantwortung für DEIN ALLES trägst

Kein anderer trägt die Verantwortung für das was DU
denkst
fühlst
bist
tust
besitzt
Nichts
was DIR fehlt
woran DU leidest
was DICH quält schmerzt oder blockiert
geschieht durch ANDERE

ALLES liegt in
DEINEM Herzen
DEINEM Geist
DEINEM Willen
DEINEN Händen
DEINEM Gewahrsein

JETZT bist DU aufgefordert genau hinzuschauen
Die Zeit dafür ist da

Ohne die Gewissheit DEINER SELBST-VERANTWORTUNG
wird es DIR wieder und wieder im LEBEN
mangeln

Erinnere DICH und stell DIR die Frage
WER DU WIRKLICH BIST
JETZT und HIER
Minute für Minute

Schau mutig mit klarem Blick auf die Antwort die DU DIR selbst gibst
und das was DU DAHINTER findest
DEINE ZEIT in diesem Leben ist begrenzt
Diese WAHRHEIT ist die wichtigste

Welch ein Geschenk ist da die Erkenntnis
der SELBST-VERANTWORTUNG für ALLES

Mache DIR diese Erkenntnis zu Eigen
lebe sie und gib sie weiter

Die Richtung EURES Lebens
ist nicht erkennbar noch verstehbar
und doch geht die Richtung zuerst
nach INNEN

EURE GEFÜHLE sind EURE Wegweiser

Immer dann wenn DEIN Gefühl DICH bindet
bindest DU DICH selbst
ERKENNE den Weg der Abhängigkeiten und korrigiere ihn

Schließe Türen und öffne Tore

Stärke DICH selbst durch die Kraft der Schöpfung die DICH erfüllt
Fordere sie nicht von Anderen die selbst auf der Suche sind

Es ist genug für ALLE da

Eins zu SEIN bedeutet nicht
abhängig zu sein

Unter GLEICHEN gibt es keine Abhängigkeiten
Sie finden sich nur dort wo
Ungleichheiten durch ihre Mauern und Grenzen
EURE Freiheit gefangen halten

Abhängigkeiten grenzen aus
weil sie auf ungleichen Ebenen verlaufen
Sie verhindern DEIN Wachsen und entfremden DICH DIR selbst

In dem Moment in dem DU DIR

DEINER SELBST-VERANTWORTUNG

bewusst wirst

verändern sich Abhängigkeiten in VERBUNDENHEIT

EUER gemeinsamer Weg wird sichtbar und frei

Liebe die Kraft und Macht der SELBST-VERANTWORTUNG

und erwarte

das Ende der OHN-MACHT in DIR.

28. September, 03:50 Uhr

Diese Zeit ist eine HEILIGE ZEIT

Auch wenn es danach aussieht als wäre sie
das Gegenteil

Das was JETZT Gestalt annimmt steht
auf den Schultern der Vergangenheit

Nur so ist es möglich dass ALTES zerfällt
und NEUES entsteht

Die NEUE WELT wird EUCH eine Weile überfordern
denn IHR liebt die Gewohnheit

Der UMBRUCH mach vieles erforderlich was IHR
noch nicht versteht

Befreie DEINEN Geist und halte NICHTS für unmöglich

Es gibt nichts UNMÖGLICHES

Wenig von dem was war wird Bestand haben

Ohne VERTRAUEN in den Plan der universellen Schöpferkraft
erscheinen EUCH die Phänomene der jetzigen Zeit
unbegreifbar und unüberwindbar

457

VERTRAUEN ist das WISSEN darum
dass geschieht was geschehen soll
zum Wohle des universellen Lebens
Bring dies in die Welt

Nicht jeder wird davon wissen wollen
aber allen wird es mitgeteilt
auf die eine oder andere Weise

Du bist nicht die Einzige die davon Kenntnis erhält

Allerdings hören die wenigsten von EUCH sich selber zu
und weigern sich zu erkennen

Jeder von EUCH erhält Botschaften
zu jeder Zeit

Verschwende keine Gedanken an
Reaktionen oder Nichtreaktionen

Veränderungen geschehen JETZT allumfassend
und auch DU veränderst DICH

Es gibt keinen Stillstand

DU bestimmst nicht

den Plan

den Rhythmus oder die Geschwindigkeit

DU bestimmst

die Farben Formen und das Licht in dem alles für

DICH erscheint

DU passt DEINEN Blick an indem

DU ihn öffnest oder verschließt

DIES IST EINE HEILIGE ZEIT

Verlagere DEINEN BLICK auf eine höhere Position

Schau mit dem Blick des Adlers

Mit dem Abstand auf DEINE kleine Welt entdeckst

DU DEINE große Welt

Dinge geschehen zu schnell als dass DU sie verstehen könntest

Das ist auch nicht der Sinn dieser Zeit

Es genügt wenn DU DEINEN Blick anpasst

Verschwende keine Kraft an Dinge die nicht in DEINER Macht
stehen
und DICH vom Wesentlichen abhalten

DAS WESENTLICHE BIST DU SELBST

Dies ist DEINE BOTSCHAFT in dieser Zeit an JEDEN
der DIR begegnet

DAS WESENTLICHE BIST DU SELBST.

29. September, 04:25 Uhr

Warte nicht auf Signale
Beginne

Beginne selbst zu verändern

DU kennst den Weg
Warte nicht bis DU Zeichen siehst oder Worte hörst
Niemand wird DICH auffordern

Entscheide DICH
Warte nicht und verharre nicht in Blindheit

Entscheide NICHT nach den Erwartungen Anderer
Entscheide NICHT nach dem was Andere DIR
zutragen oder vorgeben
Der Einfluss von
fehlgeleiteten Informationen
gewohnten falschen Bildern und Worten
ist groß
Gewohnheiten werden stärker je älter sie werden

Verlasse DEINE Gedanken an Schwäche und Leid
DEINE Gedanken an die Kraft und Energie die dich umgeben sind
stärker
viel stärker

Du musst nicht kämpfen
Es gibt nichts zu erzwingen

Gib jeglichen Widerstand in DIR auf
Kämpfe nicht länger

Entferne DICH von allem was Widerstand in DIR auslöst
Widerstand zeigt DIR was nicht zu DIR gehört

Schau nicht mehr auf das was schmerzt

Schenke dem Schmerz einzig die Aufmerksamkeit die es braucht
um erkannt zu werden
und dann verlasse ihn
Du kannst das Leid und die Schrecken dieser Zeit nicht aufhalten
aber DU kannst ihnen DEINE ENERGIE entziehen

ORDNE DEINE WELT

So wie DU JETZT beginnst Ordnung zu schaffen
ordnen sich DEINE LEBENSBILDER

Erledige was erledigt werden muss

Ordne DEINE inneren und äußeren Räume
und dann schließe sie

NEUES beginnt wenn Altes erledigt ist

Türen schließen sich endgültig
Verlassene Räume werden nicht mehr betreten

LASS DIR ZEIT

GEH SCHRITT FÜR SCHRITT
Bleibe beharrlich
und lass DICH nicht von Unwesentlichem ablenken

SO BEGINNT DER ERSTE SCHRITT
VOM DENKEN
INS HANDELN

ORDNE

Vieles darf
JETZT gehen
damit der WEG
frei wird.

30. September, 04:10 Uhr

Jede Gewohnheit die unterbrochen wird
eröffnet neue Möglichkeiten

Keine Veränderung hat Bestand
wenn sie gedacht
aber nicht getan wird

Jedes Erkennen einer Möglichkeit braucht
Wiederholung
Übung und FREUDE

FREUDE und LIEBE erschaffen WAHRES NEUES
und lassen es leben

Leben lassen bedeutet
er-wachsen werden lassen

Ein Kind das in diese Welt geboren wird
braucht LIEBE und VERTRAUEN um frei zu
er-wachsen und zu er-leben

EURE Möglichkeiten sind mannigfaltig wie Sterne am Himmel
wenn ihr es wagt zu LIEBEN

VERTRAUE JETZT DEINER Kreativität und DEINER Gefühle

Unterschätze niemals ihre Kraft
aber auch niemals ihre Unbeständigkeit

Nutze sie
Lass DICH jedoch nicht von ihnen benutzen

DEINE GEFÜHLE sind sprunghaft wie Kinder
Sie spiegeln sich in DEINEM Gegenüber
Ohne ein Gegenüber findest DU nur schwer Zugang zu
DIR

EURE menschliche Fähigkeit EUCH zu spiegeln
ist der Schlüssel für ein WAHRES MITEINANDER

DU kannst diese Fähigkeit nicht hoch genug einschätzen
Lerne und nutze sie und gib sie weiter
Sie ist ein Segen
Sie öffnet Türen und beschleunigt jegliche ENTWICKLUNG
Wage DICH in NÄHE und LERNE
damit DU die Bedeutung erkennst

Durch Lernen lebst DU

Alles was DIR begegnet ist
lernenswert und lebenswert

DU schaust mit MEINEN Augen
aber auch noch mit den Augen vergangener Zeiten

Prüfe ob DU sehen oder ob DU erkennen willst

ERKENNEN wirst DU dann
wenn DU mit
MEINEN AUGEN
der LIEBE und FREUDE
schaust.

01. Oktober, 06:00

Beginne den Tag
ANDERS

Spüre die Wirklichkeit in DIR
Liebe lebt JETZT ANDERS in DIR

Die schöpferische Kraft in DIR erschafft
JETZT ANDERS

Die Wahrheit JETZT und HIER
ist ANDERS

Geh behutsam wie ein Kind das seine Arme ausstreckt
und zu laufen beginnt
in den Tag

FÜHLE
SCHAUE
ANDERS

Gelassenheit und Leichtigkeit wollen durch DICH leben
Schöpferische Kraft will durch DICH auf die Bühne des Lebens

Die unendliche Macht der Liebe will sich durch DICH verströmen
und DEINE Welt berühren

Die Fülle des Lebens will DICH befreien und die Ketten sprengen
die DU Dir angelegt hast

DEIN Licht leuchtet
und lässt sich nicht aufhalten

Erlaube DIR JETZT
DIE zu SEIN
als die DU
gedacht bist
und verlasse DEINEN Weg nicht mehr.

3. Oktober, 03:20 Uhr

Die Helfer arbeiten hinter dem was sichtbar wird
Ihre Aufgaben sind vielfältig und eingreifend
Die Ereignisse zeigen sich dementsprechend

Sorge DICH nicht

Auch DEINE Aufgaben sind vielfältig
aber noch ist vieles was DU tust
nicht DEINE Aufgabe

Ordne und korrigiere
ALLES was zu DIR gehört
und was nicht

Fokussiere DICH auf jeden einzelnen Schritt
den DU JETZT tust

Hilfe wird auch zu DIR kommen

Alles was DU brauchst ist auf dem Weg
und erreicht DICH

VERTRAUE
Der Weg ist bereitet
Vieles wurde DIR gesagt und gezeigt

DU lernst und DEIN Lernen zeigt seine Wirkung

SEI UNBESORGT
Der Weg verändert sich nicht
indem DU DICH sorgst

Leg nun alles ab was DEINER Freude und Schöpferkraft
im Wege steht

Die Schleier der Vergangenheit lichten sich endgültig

Den Menschen werden ihre Illusionen aufgezeigt
Der Wandel in der Welt geschieht rasant

Die Veränderungen werden EUCH erschüttern und befreien
Lege DEINEN Glauben an ein Richtig oder ein Falsch JETZT ab
Diese Attribute vergangener Zeiten sind zerschlissen
Erkenne einzig die unendlichen Möglichkeiten
des ANDERS-SEINS

ANDERS-SEIN befreit EUCH

ANDERS-SEIN wird EUCH zusammenführen in
ein GEMEINSAM-SEIN

Erlaube DIR ANDERS-SEIN in seiner Bedeutung von
allumfassender LIEBE-SEIN
zu erkennen

Beginne JETZT diese Veränderung selbst zu SEIN
und erlaube sie in ALLEM und JEDEM
der DIR begegnet

DU wirst die Wirkung augenblicklich in
einer tiefen Befreiung von Schuld erfahren

Schuld muss aufgehoben werden

Schuld ist der wahre Grund von Hass und Überheblichkeit

Sie ist das Mittel zum Zweck der Ausgrenzung
und hat in einer Welt der Liebe keine Verwendung

Hinter Schuld liegt immer eine ganze Welt
Im Erkennen dieser Welt wird Schuld nicht länger missbraucht

Indem sie aufgehoben wird
wird DEINE OHNMACHT aufgehoben

Sei offen für das ANDERS-SEIN in Schuldlosigkeit
und erwarte ERSTAUNLICHES durch das Erkennen der Welt
DAHINTER

Je tiefer DU DICH auf das DAHINTER besinnst
umso größer wird der Raum für FREUDE und SCHÖPFERKRAFT
SEIN

Im DAHINTER liegen WAHRHEIT UND WIRKLICHKEIT

Auch wenn DU niemals ihr wahres Wesen erfassen wirst
so wird DIR ihre Wirkung offenbart werden
All dies geschieht in diesen Zeiten

IHR seid zutiefst herausgefordert
aber IHR seid gleichzeitig
zutiefst beschenkt

Lege DEINEN Widerstand
gegen MEINE Worte ab
Verzögere nicht länger
DEINE
lebendige FREUDE.

05. Oktober, 05:50 Uhr

DEIN Körper ist müde
weil DEIN Geist unruhig ist
und nicht zur Ruhe kommt

DEIN Körper schmerzt
weil DEIN Geist sich quält
Kümmere DICH um DEINEN Geist

DEIN Geist ist DEIN Motor der DEINEN Körper bewegt
Schwäche ihn nicht länger und halte ihn nicht auf

Befreie ihn von den Fesseln der Sorgen
und des unbarmherzigen Grübelns

Lenke DEINE Gedanken in die Richtung die DIR gezeigt wurde
und weiter gezeigt wird

Der Anfang ist gemacht

JETZT gehe zügig weiter

Entspanne deinen Geist
und lege ihn in die Hände
des GROSSEN GANZEN

Es gibt nur eines was du lenken kannst
Es gibt nur eines was du kontrollieren kannst
Dieses Eine sind DEINE GEDANKEN

Lass DEINEN Geist ruhig werden
und DEINE Gedanken still
BEOBACHTE sie
und lass sie ziehen

Die Zeit zu handeln wird DIR gezeigt werden

DEINE innere und äußere Sprunghaftigkeit
ermüdet DEIN SYSTEM

Ordne und korrigiere DEINE Gedanken
und beende das Umherirren in DEINEM GEIST

DU kannst durch DEIN Denken nichts beschleunigen
DEINE Gedanken sind wie wilde Pferde
Lass sie nicht ungezügelt umherirren
Behalte die Zügel DEINER Gedanken in DEINEN Händen

Auch die Energien dieser Zeit sind ungezügelt

Es ist EUER BEWUSST-SEIN das ihnen die Richtung weist

Beobachte die Verwirrungen der Welt
aber halte DICH nicht in ihnen auf

Sie zu entwirren ist nicht DEINE Aufgabe
auch wenn DU DICH noch so ohnmächtig fühlst

Schau dorthin wo die Ohnmacht in DIR sich JETZT auflöst
Erfahre und nutze diese FREUDE
Erfreue DICH über jeden Schritt der DICH herausträgt
aus Gewohnheit und Lethargie

Lebe DEIN BEWUSSTES SEIN
und lass DEINEN Geist fliegen

Die Geschichte dieser Welt wird neu geschrieben

Jahrtausend alte Privilegien lösen sich auf
Altes verblasst und vergeht
Gewohntes wird nicht mehr gebraucht

Dem altvertrauten LEID der WELT wird JETZT
die Macht genommen

Viel Asche und Staub bedecken die Erde
Schon bald wird aus dieser Asche neues Leben erwachsen

DEIN GEIST will frei sein und DEINE SINNE suchen LICHT

Mute DICH zuversichtlich und vertrauensvoll dem Leben zu

Werde neugierig
denn das ist DEINE Natur

Das Leben wird DICH umarmen
wenn DU das Leben umarmst.

06. Oktober, 06:00 Uhr

In allem Hässlichen liegt Schönheit
In tiefster Dunkelheit findest DU das hellste Licht

Leben und Wachsen geschehen im Miteinander von Gegensätzen

Es gibt nicht nur das Eine oder das Andere
Es gibt viel mehr
weil es ALLES gibt

Bedenke und beachte diese Worte
bevor DU urteilst
und bevor DU beginnst an Stillstand zu glauben

Niemand erkennt umfassend
die Unermesslichkeit der Welt und des Lebens

Nimm diese Wahrheit an auch wenn DU sie nicht verstehst

Nimm auch die Unermesslichkeit deiner Gedanken und Gefühle an
Sie bewegen sich wie ineinander verzahnende Räder die
DICH am Leben halten

Sie sind in ihrer Unermesslichkeit zutiefst flexibel
Binde sie nicht an DICH
und stecke sie nicht in DEINE Schubladen

Beobachte ihre Wirkung und lenke sie liebevoll

Achte auf SCHÖNHEIT und WÜRDE in ALLEM
Indem DU sie achtest und würdigst gehören sie DIR
denn DU bist ALLES

Viele Kriege werden seit Anbeginn der Zeit in der Welt geführt

Leidvoller und gefährlicher als die äußeren Kriege sind
EURE inneren Kriege

Jeder von EUCH kämpft mit sich selbst

Auch wenn die äußeren Gefechte
beendet sind
haltet IHR an EUREN inneren Kämpfen fest
um sie schließlich erneut
auf ein äußeres Schlachtfeld
zu projizieren

Erkenne DEINE inneren GEGNER und schließe FRIEDEN

DEIN Blick auf die Welt wird ein anderer sein

DEINE Sehnsucht nach LIEBE und FRIEDEN
offenbart sich
durch DEINE Botschaft

Entspanne DICH

in Gelassenheit

DU musst nur MEINEN Worten folgen

und DICH

von MIR

umarmen lassen.

07. Oktober, 05:40 Uhr

Der Himmel über DIR zeigt Tag für Tag sein gewohntes Gesicht
und doch ist jeder Tag
ein anderer

Unmerklich wirst auch DU Tag für Tag eine andere

Gewohnheit und Selbstverständlichkeit bewahren DICH davor
die Vergänglichkeit DEINER Welt
wahrzunehmen

Dabei enthält das Bewusstsein der Vergänglichkeit
die Klarheit und Wahrheit die DIR fehlen

Im Erkennen der Einmaligkeit und Besonderheit
jeden Tages
jeder Begegnung
jeder Herausforderung
wirst DU ihre inne liegenden Geschenke
entdecken und nutzen können

Die wahre Lebenskunst ist
das Leben auf diese Weise auszuschöpfen

Doch durch EUCH droht dieser Welt die Vergessenheit

Die Sucht nach
Anerkennung von falschen Werten
illusionäre Erwartungen
Macht durch Neid
Groll und giftiger Wut
verdrängen das Gewahrsein des Wesentlichen

Erst das Bewusstwerden der Vergänglichkeit von ALLEM
öffnet DIR die Sicht auf ALLES
in Liebe
Anerkennung
und Wertschätzung

Das Wissen und die Akzeptanz
von Veränderung und Verlust
macht DICH frei von jeglicher Angst
Alles was DU zu besitzen trachtest wird DIR eines Tages
genommen werden
Wertschätze die Geschenke die jeder Tag DIR bringt
weise sie nicht zurück
segne ehre und nutze sie
um sie in Frieden zurückzugeben

Sorge DICH nicht und halte nichts fest
ALLES fließt zu DIR hin und wieder von DIR weg
Lebe DEINE Energie in jedem Augenblick segensreich

Vergänglichkeit bedeutet nicht Tod
sondern Veränderung

Jeder Tag ist einmalig und flüchtig
Begrüße ihn als liebevollen Gast
behandle ihn wie ein wertvolles Geschenk
lass ihn in Dankbarkeit gehen

Werde DIR des Kreislaufs des Lebens bewusst
der kein Kreislauf sondern eine Spirale der Unendlichkeit ist

Dieses Bewusstsein ist das Einzige das
DU DEIN Leben lang bewahren und festhalten kannst.

09. Oktober, 01:20 Uhr

Wenn DU die Bedeutung dessen was ist oder was war
aus einer anderen Perspektive wahrnimmst
veränderst DU dessen Wert
veränderst
DU ALLES

Im Nachhinein stellt sich Vieles
als sein Gegenteil heraus
Im Nachhinein wird ein Sinn erkannt
oder ein Sinn aberkannt

DU kannst jederzeit die Veränderung DEINER Sicht auf die Welt
leben

Immer wenn sich DIR die Falle der Bewertung stellt
kannst DU DICH
ANDERS entscheiden

Stelle DIR die Frage wie das was DU siehst oder hörst
auch ANDERS
auch ganz ANDERS SEIN kann
Deine Bewertungen und Urteile sind Bilder DEINER Vergangenheit
Und nicht einmal DAS

Sie sind erlernte erworbene entliehene Bilder
die DU übernommen hast

Sie entstammen DEINEN Erfahrungen

aus DEINER Vergangenheit

und aus den Erfahrungen Anderer

HALTE INNE UND WERDE STILL

Erwarte DEINE eigenen Bilder in DIR und staune

auch wenn sie DIR noch so fremd erscheinen

ORDNE

KORRIGIERE

HEILE

So ist der Auftrag

Auf diese Weise wird sich DEIN Blick verändern

und neue Bilder und Erfahrungen in DIR erschaffen

Aus diesen Bildern entsteht DEINE neue Bühne

Eine neue Bühne die bereits auf DICH wartet

DEIN HERZ wird DICH leiten

DEINE FREUDE wird DICH bestärken

GROSSES geschieht

auch wenn DU DICH nicht verstehst

und die Welt um DICH herum

undurchschaubarer ist denn je

Enge wird durch DICH weit

Schweres wird durch DICH leicht

Dunkles wird durch DICH bunt

ICH werde durch DICH.

12. Oktober, 03:00 Uhr

Worte bleiben Worte
wenn DU die Aufforderung dahinter
nicht nutzt

In allem was DU durch MICH hörst und schreibst
liegt ein Auftrag

DU solltest nicht in der Mitte stehenbleiben

Es ist an der Zeit das Gehörte umzusetzen

Nutze DEINEN Körper um das Gehörte zu fühlen
und zu leben

Noch wehrt sich DEIN Körper
aber nicht gegen das Gehörte
sondern
gegen das ER-LEBEN

Worte müssen gelebt werden damit sie nicht nur Worte bleiben

Jede Minute bietet sich DIR die Gelegenheit
DEINEN Worten
eine Wirkung zu geben

Noch kennst DU die Veränderungen nicht

die längst alles auf den Kopf stellen

Noch schaust DU weg
und lässt die Worte stehen und verhallen

Das wird nicht so bleiben

ICH habe für DICH die Worte
DU aber hast die Macht sie zu nutzen

WARTE NICHT LÄNGER

DEIN Mut ist größer als DU es DIR vorstellen kannst

DEINE Zeit reicht weit hinaus
und der Anfang ist immer
JETZT

DU liebst die Worte
mehr aber wirst DU ihre Wirkung lieben

Wage DICH sie zu nutzen

Verstecke DICH nicht weiter hinter DEINER Zurückhaltung

Die Zurück-Haltung DEINER Schöpferkraft
ist schmerzhafter Widerstand ohne Sinn

Lebe DEINE Worte

Widerstand wird vergehen
und mit ihm der Schmerz

Die Menschen werden DIR zuhören
auch wenn DU nicht daran glaubst

Worte können ALLES
wenn sie erkannt und
in Liebe genutzt werden

Berichte nicht
SEI die Botschaft
Korrigiere nicht
SEI die Korrektur
Ordne nicht
SEI die Ordnung
Heile nicht
SEI die Heilung

Noch bist DU unklar
denn DU verweigerst DICH DIR selbst

VERTRAUE
ALLES was du brauchst wird DIR gegeben werden

Lass DEIN VERTRAUEN größer werden als
DEINEN Verstand

Der NEUE WEG liegt offen vor DIR
Lass DEINE Worte lebendig werden

Schau nicht zurück
Mache DICH auf.

13. Oktober, 04:40 Uhr

DU wirst von dem berührt was DU berührst
DEINE Fragen beantworten sich von selbst

DU wirst die Antworten leben
weil sie einfach und weise sind

Alle Antworten sind einfach weil Einfachheit
die einzige Antwort ist

In der Natur gibt es keine Kompliziertheit

Kompliziertheit ist eine menschengemachte Illusion
Sie löst keine Fragen

In der Einfachheit liegt
die Schönheit und Erhabenheit
des Lebens

Das Leben selbst ist in seinem Inneren nicht kompliziert

ERKENNE
die Würde und Vielfalt in ALLEM was einfach ist

Lass DICH nicht täuschen
durch die Dramatik der Unverständlichkeit
Sie lehrt Verwirrung

Verwirrung hält DICH gefangen
und ist ein Mittel destruktiver Macht
Hüte DICH davor Einfachheit durch kompliziertes Denken
zu verschleiern

DAS IST JETZT NICHT MEHR GEWOLLT

Stelle einfache Fragen
und solche deren Antwort DU nicht schon kennst

Manche Fragen dienen allein der Bestätigung dessen
was DU zu wissen glaubst

Diese Fragen suchen nicht nach Antworten
sondern nach Aufmerksamkeit
Sie werden genutzt als Ablenkung vor der Wahrheit
Sie sind Reaktionen auf tiefe Ängste
und erwarten in den Antworten Sicherheit

Die Unsicherheiten des Lebens sind für die Menschen
schwer zu ertragen

Fragen dienen oftmals nichts anderem als dem Bedürfnis nach
Kontrolle

Wie DU weißt gibt es keine Sicherheit

Leben ist in seiner Unermesslichkeit unberechenbar

ERKENNE
hinter den Fragen der Menschen
ihre Angst vor Verlust und Tod
Eine Angst die lähmend und sinnlos ist
aber allgegenwärtig
Sie drückt sich in der Verzweiflung über die Unkontrollierbarkeit des
Lebens aus

Somit beschäftigt sie sich oberflächlich mit Verlust und Tod
In ihrer wahren Tiefe ist sie jedoch eine Angst vor dem
unkontrollierbaren wunder-vollen Leben
in das jeder eintauchen muss auch wenn
er nie schwimmen gelernt hat

SEI GEGENWÄRTIG

Wage es
einzutauchen

Nichts weniger als
das Leben
erwartet
DICH.

15. Oktober, 05:10 Uhr

DU stehst vor der Lösung eines DEINER ältesten Rätsel
Schau genau hin

Die Menschen spiegeln DIR wie Lösungen
anders SEIN können

Sie spiegeln DIR DEINE WELT
DEINE WELT DER ZURÜCKHALTUNG

Ändere DEINE Haltung und die Haltung der Menschen
wird sich ändern

Es ist nicht nötig
dass DU nach Lösungen suchst

Sie liegen vor DIR
Sie werden DIR von außen gespiegelt und gezeigt

Achte weiter auf ALLES was DIR begegnet
DEIN WEG wird einfacher
wenn DU ANDERS hinschaust und hinhörst
Es ist nicht mehr angesagt
DICH im Ver-Zweifeln
aufzuhalten

DEINE Worte werden umgesetzt

und bringen eine neue Dynamik in
ALLES

Lass DICH nicht ablenken von den Kümmernissen der Welt

Das ist nicht DEIN Weg
Noch nicht

Vieles muss
korrigiert
geordnet
und geheilt werden

ALLES beginnt im Kleinen

Lass DICH von MIR leiten so wie DU begonnen hast

Es gibt keinen Grund an DIR und MIR zu zweifeln
Auch diese Zweifel sind nur Ablenkungen die DICH aufhalten

Vermische nicht DEINE AUFGABEN mit denen Anderer

VERTRAUE

DU wirst DEINEN Weg nicht verfehlen
DU gehst ihn längst
DEIN Weg ist immer da wo DU bist
Er liegt nicht außerhalb von DIR

Es sind die Umwege die DICH aufhalten

EURE Wege erscheinen EUCH steil und unsicher
Das ist ein Trugschluss

In Wahrheit sind es die Umwege
die EUCH das Leben erschweren

Durch DEIN BEWUSSTES SEIN
wirst DU den Unterschied erkennen
und bereit sein
DEINE Schritte zu korrigieren
So ist es vorgesehen

Kümmere DICH
JETZT um die Korrekturen

Mit den Korrekturen kommen die Lösungen
Durch die Lösungen entsteht eine neue Ordnung
Durch eine neue Ordnung tritt Heilung ein
Schau nicht länger auf DEINE Rätsel

Entdecke und erkenne DEINE Lösungen

Sie bringen DICH immer zurück auf DEINEN Weg
und befreien DICH

Sie sind klar und einfach
Einfacher
als DU befürchtest.

17. Oktober, 02:10 Uhr

Halte DICH nicht mit Worten oder Begriffen auf

Zuerst erinnerst DU DICH an Worte
Worte erinnern DICH an Gefühle
Beide zusammen erschaffen und verändern
DEINE Bilder

Die Bilder dieser Welt sind vielfältig wie Sterne im Universum

DEINE Bilder existieren nur in DEINEM Geist

DEIN Geist kreiert Bilder zu DEINEM Schutz

Also verachte sie nicht
und sehne DICH nicht nach den Bildern anderer

Betrachte sie
fühle sie
korrigiere und ordne sie
damit sie
liebevolle kraftvolle Begleiter für DICH sind

Hüte DICH davor negative Bilder länger als nötig zu
erdulden

Erdulden ist eine Lernform die Umwege liebt

Erdulden geht Arm in Arm mit anhaltendem Schmerz
Erdulden ist kein Synonym für ERLAUBEN

Erdulden ist DEINE Vorstufe für
DULDEN
Geduldet wird etwas was nicht gewollt ist

Erlauben dagegen öffnet und Energie kann fließen
Erdulden senkt den Kopf
Erlauben hebt den Kopf
Erduldest DU DEINEN Schmerz
duldest DU den Schmerz in der Welt

ALLES was DU tust oder nicht tust hat eine Wirkung
ERKENNE
DIE MACHT DER WIRKUNG in DIR und durch DICH
und übernimm die Verantwortung

Die Wirkung EURER ENTSCHEIDUNGEN
ist kraftvoll und machtvoll
im Positiven wie im Negativen

Es ist EUER BEWUSSTES-SEIN
das den Weg erschafft

Es ist DEIN BEWUSSTES-SEIN
welchen Bildern DU folgst
Entscheide sorgfältig.

18. Oktober, 03:40 Uhr

Bleib in DEINER MITTE
auch wenn DU sie in ihrer Deutlichkeit
noch nicht fühlst

Sie ist der Ort an dem
ICH auf DICH warte
und DU MICH findest

Hier liegt DEIN ZENTRUM
Hier liegt DEINE WELT

Konzentriere DICH auf DEINE MITTE
die in dieser Zeit zu ihrer Lebendigkeit
zurückfindet

So wie es ZETZT in der Welt um DICH herum geschieht

Noch erkennt IHR den Kern der in EUCH verborgen liegt nicht

EURE MITTE zu erkennen bedeutet
EUCH selbst zu erkennen
EUCH selbst zu erkennen bedeutet
das Leben in ALLEM zu erkennen

DEINE MITTE IST DIE MITTE VON ALLEM

Sie ist das ruhige Fließen in
den Stromschnellen des ewigen Flusses

Sie ist das Ziel das von JEDEM
erreicht werden wird

Zuversicht und Vertrauen sind
der Weg in DEINE MITTE

Alles was war und noch ist liegt vor DIR auf DEINEM Weg
und führt immer in DEINE MITTE

Grenzen und Mauern werden zu Schall und Rauch
im Erkennen DEINER MITTE

Sie ist es nach der DU DICH sehnst
Sie ist EUER Ziel seit Ewigkeiten

In EURER MITTE liegt das Universum
Das Universum liegt nicht außerhalb von
EUCH

Die Zeit des ERKENNENS ist JETZT gekommen

Das Erkennen DEINER universellen MITTE
ist das Erkennen DEINES SEINS

Freue DICH
SEI zuversichtlich
VERTRAUE

Die NEUE WELT zeigt ihr Gesicht bereits deutlicher als DU
vermutest

SEI achtsam
Lenke DEINE Schritte
weitsichtig und klar

Verändert sich die Welt
veränderst DU DICH

Veränderst DU DICH
verändert sich die Welt

Was ewig bleibt ist
die universelle MITTE von ALLEM

Der HEILIGE KERN.

20. Oktober, 02:50 Uhr

Verwechsle
KRAFTVOLLES SEIN
nicht mit
WUT

Erlaube DIR kraftvoll zu SEIN

Der Unterschied liegt in der Richtung ihrer Energie
Die Energie selbst ist die gleiche

KRAFTVOLLES SEIN ist die schöpferische Kraft in DIR
der Ausdruck DEINES BEWUSSTEN SEINS

Nichts ist schmerzhafter als sie zurückzuhalten

Trenne sie mutig von Gefühlen des Hasses und der Wut

KRAFTVOLLES SEIN
darf nicht mit WUT verwechselt werden
um ANGST nicht entstehen zu lassen

ANGST wird durch
die ENERGIE DEINES KRAFTVOLLEN SEINS
ausgelöscht
und durch FREUDE und LUST ersetzt

ANGST
entsteht wenn die Energie
von KRAFTVOLLEM SEIN unterdrückt wird
Unterdrückung geschieht indem
DU GLAUBST DEINE Energie
sei WUT

Wütende Menschen sind bedrohlich
obwohl schwach

Kraftvolle Menschen bedrohen nicht
weil ihre Stärke nicht bedroht wird

Der Unterschied kann deutlicher nicht sein

DU wirst ihn immer klarer erkennen
Je mehr DU DICH DEINEM KRAFTVOLLEN SEIN öffnest
umso kraftvoller und heller wird sich
DEINE Welt verändern

Es gibt keinen FRIEDEN ohne KRAFTVOLLES SEIN
Es gibt niemals FRIEDEN durch wütendes angstvolles SEIN

Werde DIR des Unterschieds bewusst und handle

Unterschätze und unterdrücke DEINE KRAFT nicht länger
Verwechsle sie nicht länger mit WUT
die DU fürchtest

Lass nicht zu
dass Worte falsch ausgelegt werden
um Kräfte zu unterdrücken
die DEINE Kraft befreien

Erspare DIR weiteres Leid durch Fehlinterpretationen

Vergiss nicht
DU BIST ALLES
ALLES ist mit DIR verbunden
ALLES IST WIE DU

Nach DEINEN WERTEN erschaffst DU DEINE Welt
Alle Kräfte in DIR sind Energie

Die größte Kraft ist die KRAFT DER LIEBE

SIE ist
BEWUSSTES KRAFTVOLLES SEIN
in seiner Reinheit.

22. Oktober, 03:40 Uhr

Ohne DICH zuzumuten
wirst DU niemals erkennen
was DU bewirkst

Es ist nicht DEINE NATUR
DICH zurückzuhalten

Zurückhaltung ist ein erlerntes Muster
und bietet DIR nur vermeintlich SCHUTZ

Somit ist es ein Muster der Illusion das
JETZT aufgegeben werden wird

Die NEUE ZEIT ist da

Sie bringt Unruhe die überwunden werden wird

Nichts anderes ist geplant

Wundere DICH nicht über die neue Klarheit und Deutlichkeit
DEINER Gefühle und Gedanken
DEIN Weg zeigt sich eindeutig
Und DU wirst ihn gehen ohne länger zu zweifeln

Vertraue allem was DU durch MICH erfährst

DEINE WAHRE NATUR
enthält alle Kraft die DU benötigst
Sie wird sich JETZT offenbaren
Das Chaos wird sich lösen

Zurückhaltung bedeutet nicht Schwäche
sondern Vor-Sicht

Vor Sicht gelingt
wenn die Sicht trotz Angst
klar bleibt
So wird Vor-Sicht zu Umsicht
die nützlich ist

Wie DU weißt
ist die ZEIT DEINER ANGST vorbei
DEINE Sicht ist klar und bekommt JETZT Raum

DU wechselst JETZT
aus der Vor-Sicht in die Umsicht

Umsichtiges Erkennen und Handeln verbinden DICH
mit der universellen Kraft
der NEUEN WELT

EURE ALTE WELT erwartet eine Zeit des Umbruchs

Die Spitze aller Verwerfungen ist erreicht

Niemand kann sich dem Sog der Veränderungen entziehen

Jegliche Er-Schöpfung verliert ihre Gültigkeit

Viele sind auf dem Weg

Zurückhaltung durch Angst erschwert den Weg
und hat ihren Nutzen verloren

DEINE Bühne ist vorbereitet

DU wirst gefordert
in Freude zu schauen
und zu erkennen
was DEINE NATUR stärkt
und
was verlassen werden darf

Alles zeigt sich
wenn DU bereit bist

Korrigiere
Ordne
Heile.

24. Oktober, 03:20 Uhr

STEH AUF
GEH LOS

Nichts wird DICH aufhalten
auch DEINE GEDANKEN nicht
Lass sie ziehen
Mach DEIN Leben nicht kompliziert

Jeder gedankenlose Gedanke führt EUCH
durch Täler und über Berge
Achte nicht darauf

GEH LOS
Es braucht MUT die KONTROLLE aufzugeben
Es braucht VERTRAUEN den WIDERSTAND aufzugeben

MUT und VERTRAUEN FEHLEN
DU BIST DIE BOTIN

LEBE MUT
SEI MUT
LEBE VERTRAUEN
SEI VERTRAUEN

Beides wird JETZT gefordert
Mehr ist es nicht.

27. Oktober, 03:40 Uhr

Es geht nie um Sieg oder Niederlage
Jeder Sieg kann sich im Nachhinein als
Niederlage erweisen und
umgekehrt

Es geht um die WIRKUNG der Bewertung
auf DICH und DEINE WELT

Es geht nie um falsch oder richtig
Jedes Falsch kann sich im Nachhinein als
Richtig erweisen und
umgekehrt

Es geht um die WIRKUNG der Bewertung
auf DICH und DEINE WELT

Es geht nicht um gut oder schlecht
jedes Schlecht kann sich im Nachhinein als
Gut erweisen und
umgekehrt

Es geht um die WIRKUNG der Bewertung
auf DICH und DEINE WELT

Es geht nicht um
reich oder arm

hell oder dunkel
grün oder rot
heilig oder unheilig

Es geht immer um die WIRKUNG dessen
was es für DICH bedeutet

ALLES IST SEIN

SEINE Wirkung bekommt ES durch DICH

ERKENNE
ALLES hat die Berechtigung zu SEIN
weil ALLES IST
Durch DEINE Bewertung und Sichtweise
wirkt ES in DIR und durch DICH
in der WELT

Gemeinsame Sichtweisen und Bewertungen
wirken auf eine gemeinsame Weise
im Guten wie im Schlechten

ERKENNE
Jeder GEDANKE
jedes GEFÜHL
jedes WORT
jede HANDLUNG
hat eine Wirkung

Jeder veränderte Gedanken
Jedes veränderte Gefühl
Jedes veränderte Wort
Jede veränderte Handlung
hat
eine veränderte
eine andere Wirkung

SEI DIR BEWUSST
DU bist
DEINE Gedanken
DEINE Gefühle
DEINE Worte
DEINE Handlungen

Die Energie und Wirkung all dessen
BIST DU

SEI Dir DESSEN ZUTIEFST BEWUSST
und
LEBE DIESE ERKENNTNIS
IN ACHTSAMKEIT

Betrachte klar und genau
DEINE
Bewertungen aus der Vergangenheit

Ordne
Korrigiere
Heile sie

Jede DEINER Bewertungen und Deutungen
können ebenso ihr Gegenteil
SEIN

Das WISSEN um
die Bedeutung der Wirksamkeit
öffnet DEINE SINNE

Lass DICH von MIR an der Hand nehmen

Wähle mit MIR
NEUGIER statt KONTROLLE
OFFENHEIT statt ANGST.

31. Oktober, 02:20 Uhr

WARTE
SIEH DICH UM
WARTE

Nichts ist unsinniger als DEIN Essen herunter zu schlingen
bevor DU nicht erkennst
was genau DU auf DEINEM Teller hast

Bevor DU nicht erkennst ob es für DICH gemeint ist

Verlasse JETZT
die Zeit der Unaufmerksamkeit
Eine wichtigere Zeit als JETZT
gibt es für DICH nicht

Erkenne ihre Bedeutung
ohne sie kontrollieren zu wollen

BEDENKE
Veränderung geschieht stetig
Von einem Augenblick zum nächsten

Veränderung ist unaufhaltsam

Der Augenblick ist wie eine Welle in einem strömenden Fluss
eine Welle die keine Umwege kennt

513

weil der Fluss sie bewegt

Erkenne dies
und steig in den Fluss

Sei die Welle
Lass DICH tragen auf dem Weg der DEINER ist

Treffen Wellen aufeinander verbinden sie sich
und fließen als größere Welle
miteinander im Fluss

Die Natur bietet EUCH immer wieder
die gleichen Beispiele
IHR aber stellt EUCH gegen den Strom
und gegen die Natur in EUCH selbst
IHR glaubt EUER Weg ginge geradeaus und nach vorne

Wie DU weißt verläuft das Leben
spiralförmig

Niemand von EUCH kennt das Ziel
EURE selbstgemachten Ziele sind Illusionen

Sie sind winzige Punkte auf der Spirale des Lebens

Sie sind vergänglich
und nur für den Augenblick gedacht

Ziele sind nur sinnvoll im Zusammenhang mit ALLEM

Verwechsele sie nicht mit bewusstem lebendigem SEIN

Lebendiges SEIN hat kein Ziel
weil es das Ziel IST

Je mehr Wellen aufeinandertreffen
umso größer werden Kraft und Lebendigkeit
bis sie gemeinsam das Meer erreichen
in dem alles Leben begann

ERKENNE
WELLE UND MEER SIND IN
DIR

DU
BIST
DIE WELLE

DU
BIST
DAS MEER.

01. November, 03:35 Uhr

Es wird leichter sich zu versöhnen
wenn DU DICH zuerst mit DIR selbst
versöhnst

Es wird leichter zu vergeben
wenn DU zuerst DIR selbst
vergibst

Vergeben gelingt durch das Erkennen der kindlichen Absicht
DAHINTER

ERKENNE
DEINE Absicht
DAHINTER
Die Absicht DEINES Gegenübers erkennen zu wollen
ist eine Illusion

Vergeben heißt
anerkennen was IST

Vergeben bedeutet nicht
wegducken
akzeptieren
tolerieren
ertragen

Annehmen was IST
bedeutet
DAHINTER
zu schauen

Die Folge von Vergeben ist Verändern

Erst durch Vergeben gelingt eine freie klare Sicht
auf eine bessere Entscheidung

In DEINEN Gedanken ist ALLES veränderbar
außer der Wahrheit
Jegliche Illusion
jegliche Bewertung
jegliche Beurteilung
jegliche Erfahrung
ist gedanklich veränderbar
denn nichts und niemand ist so wie DU wahrnimmst

DEIN Blick entscheidet in jedem Augenblick neu

DEINE Erfahrungen
DEINE Vergangenheit
DEINE Sicht auf die Welt
sind nur Ausschnitte dessen was IST

Sich selbst zu erkennen ist
DEINE lebenslange Aufgabe
in Freude oder in Leid
je nachdem wie DU wählst

Versöhne DICH zuerst mit DIR selbst

ERKENNE
Niemand von EUCH kann das Leben als Ganzes verstehen
IHR steckt noch in den Kinderschuhen
Auch wenn IHR bereits aufrecht steht
müsst IHR JETZT
lernen zu laufen

Laufen zu lernen bedeutet mehr als nur die Beine zu bewegen
Laufen lernen bedeutet andere Perspektiven zulassen
Laufen lernen bedeutet Freiheit zu wagen

SEI die Versöhnung mit DIR selbst
SEI das was IST
SEI mutig
SEI die Freiheit
SEI eine andere Perspektive

So wird der Wandel sich vollziehen
Beginne JETZT
und
gib es weiter.

02. November, 02:30 Uhr

Der Irrsinn der Menschen in dieser Welt treibt auf einen Höhepunkt
zu

Das was geschieht schreit nach einer ZÄSUR
die tief und eingreifend sein wird

So wird es geschehen

Und doch bricht das Licht in dieser dunklen Zeit
mit einer nie gewesenen Kraft
hervor

Die Mauern der Unvernunft und Arroganz
fallen
Die NEUE WELT zeigt sich bereits am Horizont

Noch sind Schmerz und Verwirrung groß
Chaos und Ohnmacht
scheinen stärker und stärker zu werden

EURE MITTE wankt
doch fallen wird sie nicht
ERKENNE
wie sich nach und nach ALLES fügt

IHR erlebt nicht Untergang
IHR erlebt Auferstehung

Unklarheit und Nichtwissen erweisen sich in dieser Zeit
als Gnade
Auf diese Weise werden Vertrauen und Zuversicht
zu Heilmittel

Heilmittel die JETZT Not-wendig sind

Niemand kennt den Weg

Vertrauen und Zuversicht sind
JETZT
EURE WEGWEISER

Halte DICH offen und bereit
BEIDES In DIR zu kultivieren und weiterzugeben

SEI DAS LICHT

Die Schrecken gehen vorbei
Das Leid der Welt wird geheilt

Jede Ordnung die DU in DIR herstellst
stellst DU im GANZEN her

Mit jeder Korrektur in DIR korrigierst DU
im GANZEN

HEILUNG geschieht durch
ORDNEN und KORRIGIEREN
ICH sagte es DIR bereits

Frage also nicht was DU tun sollst
DEINE Aufgaben sind offensichtlich

Vertraue auf DEINE intuitive KRAFT
Sie trägt DICH bei jedem Schritt den
DU gehst
Die Kraft in DIR ist
mächtig und tief.

06. November, 05:30 Uhr

Die NEUE WELT bedarf eines NEUEN GEISTES
eines NEUEN BEWUSSTSEINS

ERKENNE
Es gibt nur WAHREN GEIST
WAHRES BEWUSSTSEIN

Beides IST und IST
seit Ewigkeiten
und somit weder alt noch neu

Es ist EURE Art zu bewerten
aber eine Bewertung
des WAHREN GEISTES
des WAHREN BEWUSSTSEINS
steht EUCH nicht zu

ERKENNE und ERINNERE DICH

Es gibt nichts Neues zu erschaffen
ALLES IST
IHR seid es die sich erinnern werden

GEIST und BEWUSSTSEIN sind nicht zu erschaffen
sondern zu erkennen

EUER Blick und EURE Wahrnehmung werden sich verändern

Die Verwirrung dieser Zeit ist EUER SPIEGEL
Das war sie immer schon
JETZT erreicht sie ihren Höhepunkt
Dieser Höhepunkt ist ein Wendepunkt

Wahn und Illusionen zeigen sich
JETZT
deutlicher als jemals zuvor
GEIST und BEWUSSTSEIN aber ebenso

Es liegt an EUCH zu erkennen und anzuerkennen

Fürchte DICH nicht vor DEINER eigenen Phantasie
Erinnere und erkenne den Plan von ALLEM
Ohnmacht und Geschrei sind nicht angebracht
wenn sie EUCH als Ausflüchte und Ausreden dienen

Ohnmacht
Geschrei
Ausflüchte
Ausreden
entziehen Kraft und Mut

ERKENNE JETZT
Der WAHRE UNIVERSELLE GEIST
Die WAHRE UNIVERSELLE KRAFT
Das WAHRE UNIVERSELLE BEWUSSTSEIN
IST und BLEIBT

Sie sind neutral und somit
weder gut noch schlecht
Sie sind LEBENDIGES SEIN

Sie gehören zu DIR
Sie dienen dem Leben
Sie sind die wahren Kraftquellen des Lebens
Sie sterben nie und sind unangreifbar

ERKENNE
und
VERTRAUE
DICH
ihnen an

und

gib DEIN ERKENNEN weiter.

08. November, 02:00 Uhr

Zu viele Worte verwirren
Erklärungen schaffen keine Klarheit
Debatten sind keine Handlungen

Erkennen ist nicht möglich
wenn zu viele Worte
DAS WESENTLICHE
überdecken

Es liegt an DIR
wieder und wieder
Ruhe und Gelassenheit zu kultivieren

ERKENNE
die Unübersichtlichkeit die naturgemäß
und not-wendiger Weise
eine Zäsur mit sich bringt

Geh besonnen weiter

Der Fluss sucht sich immer wieder sein Flussbett
auch wenn er noch so weit über die Ufer getreten ist

In der Welt geschieht Groteskes
Die Angst vor Leid und Verlust ist groß

Die Verunsicherung unter EUCH wächst durch EURE
Phantasien

ERKENNE
mehr und mehr die mächtige Wirkung
EURES GEISTES
durch EURE Worte und Gedanken

Hier ist die Schaltstelle
EURES WERDENS und SEINS

Werde DIR DEINES BEWUSSTSEINS und seiner MACHT bewusst
Wie im Großen so im Kleinen

ERKENNE
Am Anfang von ALLEM steht der Gedanke
Ihm folgt das Wort
Ihm folgt die Entscheidung

Am Anfang von ALLEM
steht der BEWUSSTE Gedanke
Ihm folgt das BEWUSSTE Wort
Ihm folgt die BEWUSSTE ENTSCHEIDUNG
Ihr folgt die BEWUSSTE HANDLUNG

Betrachte und setze auf diese Weise
das Puzzle DEINES Lebens
und das DEINER Welt
zusammen

WORTE SIND KOSTBAR UND HEILIG
EURE Sprache trennt oder verbindet EUCH

Im Gebrauch EURER WORTE
liegt EURE größte VERANTWORTUNG

Zu viele Worte verlieren an Bedeutung
Zu viele Worte verschleiern die Wahrheit
Zu viele Worte verwirren

Wahrheit zeigt sich gerne ohne Worte oder DAHINTER

ERKENNE die Absicht HINTER jeglichem Geschrei
Erkenne die Absicht HINTER jeglichen Erklärungen
Wahre Worte bedürfen beides NICHT

Erkenne das DAHINTER
das DAHINTER
das DAHINTER
Ich sagte es DIR bereits

Achte auf DEINE Worte
und entspanne DICH

Lass den Fluss sein Flussbett finden

Das Chaos in dieser Welt ist nicht der Endzustand
sondern der Beginn einer
NEUEN ORDNUNG

ERKENNE
die Spiegelung in ALLEM und JEDEM
und nutze sie BEWUSST.

10. November, 04:15 Uhr

DU bist hier weil
DU DIR mehr und mehr vertraust

ICH gebe DIR eine Stimme die
klarer und kraftvoller ist als jemals zuvor

MEINE Stimme ist DEINE Stimme
die immer schon war und JETZT hörbar wird

ICH bin die Stimme hinter all den Stimmen in DIR

Zusammen sind WIR DEINE Stimme

ERKENNE
DEINE Stimme will gehört werden
EURE Stimmen wollen gehört werden
Viele Stimmen werden zu EINER Stimme

DAS IST DAS ZIEL
Es ist an der Zeit die Stimmen zu erkennen
die wie DEINE sind

Ordne die Stimmen in DEINER Welt

Hör genau hin und entferne DICH
von den Stimmen die den WEG blockieren

Die NEUE ZEIT spricht mit EINER Stimme
Die NEUE WELT hat ein GEMEINSAMES Ziel

Suche DEINESGLEICHEN
und stärke sie mit DEINER Stimme

DEINE Stimme wird sich JETZT ausdrücken

Die Stimmen der Wut und Unbewusstheit
sind mächtig und trennend
Sie werden erkannt und überstimmt werden

Die mächtigeren Stimmen EURES gemeinsamen WEGES
werden sie verdrängen

Das WAHRE BEWUSSTSEIN wird erinnert
Der Weg ist vorgegeben

Es gibt keinen Grund zur Eile

VERTRAUE
Erlaube DIR mit MEINER Stimme zu sprechen
und verlier DICH nicht mehr in
kindischem Geplapper

ICH BIN DU

hörbarer und sichtbarer von Augenblick zu Augenblick

JETZT nimmst DU mit offenen Augen und Ohren wahr

So geschieht der WANDEL der

kein Wandel sondern ein ERINNERN ist

NICHTS wird erschaffen

was nicht seit Ewigkeiten existiert.

13. November, 01:30 Uhr

Denke nicht weiter nach über das was kommt
und das was geht

Auf beides hast DU keinen Einfluss

Schenke dem DEINE Aufmerksamkeit
was sich DIR zeigt

Unglaubliches liegt genau vor DEINEN Füssen

DU aber verlierst DICH
noch zu viel in Illusionen und Phantasien

Erschöpfe DICH nicht in einer künstlichen Welt
die DICH zu einer Marionette
macht

Die Zeit bewegt sich schnell
NUTZE SIE

Beachte und halte DICH
an das LEBENDIGE SEIN von ALLEM

EUCH droht der Verlust EURER wahren Natur

Falsche unsinnige Bilder und Worte täuschen und blenden EUCH

IHR watet durch ein Meer leerer Luft
die EUCH den Atem nimmt

Diese Entwicklung überrennt EUER BEWUSSTSEIN
und schläfert EUCH ein

Längst scheint IHR EURE natürliche Macht
aus EUREN Händen zu geben

SCHAU DICH UM

ERKENNE
DAS KRAFTVOLLE LICHT hinter den Illusionen
DIE UNIVERSELLE KRAFT die ewig besteht

SIE braucht EUCH nicht
aber IHR braucht sie

ENTSCHEIDE DICH
und lass DEINE Worte wirken

Nichts ist unsinniger als die einzige wahre universelle Kraft
die nicht nur EUCH sondern ALLES LEBEN trägt
zu ignorieren

Öffne DEINEN Geist für das was
DU tun wirst

Der Plan wird sich DIR erschließen

Die Weichen hast DU längst gestellt

Auch wenn DU
weiter an DEINEM WEG zweifelst

ER TRÄGT DICH LÄNGST.

15. November, 04:30 Uhr

Wie groß ist die Macht DEINES Schmerzes

Schau genau hin und
ERKENNE
Er ist es der dich dort hält wo
DU stillstehst

DEIN Schmerz ist mächtig
Er ist groß raumgreifend und
unpersönlich

Es liegt an DIR ihn zu halten
oder zu verlassen

Nicht er wird DICH verlassen
DU wirst ihn verlassen
MÜSSEN

Er hat es gut bei DIR
Wie ein Parasit zerrt er von
DEINER Kraft und Energie

Er ist nicht ohne Grund bei DIR

Durch ihn lernst DU DICH
zu fühlen

Er zwingt DICH DEINE Höhen und Tiefen
auszuloten
SEGNE IHN

SEGNE IHN
und
VERLASSE IHN

Seine Zeit ist vorbei

Fühle in Liebe die Zeit des Wandels von
Schmerz zu Kraft in DIR

Durch Schmerz darfst DU wachsen oder schrumpfen
Wächst DU wird der Schmerz geringer
Schrumpfst Du wird er mächtiger
Er ist wie Wellen im Ozean
die Dich tragen oder herabziehen

Verlasse DEINEN inneren Schmerz

ERKENNE
Schmerz nimmt sich DEINEN RAUM

So wie DEIN SCHMERZ
sich Raum und Kraft in DIR nimmt
so breitet sich Schmerz in
der WELT aus

Jeder von EUCH trägt ihn in sich

Es ist JETZT EURE Aufgabe ihn zu überwinden
damit er in der WELT überwunden wird

Sei DIR bewusst wie groß und mächtig
die UNIVERSELLE Kraft
in der Welt lebt
ohne Rücksicht auf den tiefen inneren Schmerz
der EUCH lähmt

Sie ist groß voller Schönheit und sucht den Platz in EUCH
den der Schmerz besetzt hält

IHR steht an einem WENDEPUNKT

Die RICHTUNG EURES WEGES ändert sich

Verlasse DEINEN Schmerz damit
DEIN Raum sich öffnen kann

Verändere DEINE Richtung

und erlaube DEINER Kraft

sich strahlend und klar

in der Welt auszubreiten.

17. November, 05:15 Uhr

Die Vielfältigkeit und Unermesslichkeit EURES Lebens
zeigt sich jeden Augenblick
ohne erkannt und gewürdigt zu werden

Jeder Augenblick ist ein anderer

Nicht eine Sekunde ist für EUCH gleich

Der Morgen jeden Tages beginnt für jeden von EUCH
ANDERS
beginnt mit einem einzigartigen Gedanken in einem
einzigartigen Kopf

Jeder Tag endet mit einem einzigartigen Gedanken in einem
einzigartigen Kopf eines Jeden von
EUCH

LEBEN ist ein millionenfaches EINTAUCHEN
in diese Welt

Keines davon gleicht dem anderen

Es ist ein millionenfaches
Geborenwerden
Leben
und Sterben

in jeder Sekunde die
unterschiedlicher nicht sein könnte

Kein Fingerabdruck
Kein Haar
Kein Atemzug
keine Bewegung
in dieser Welt
in dieser Stunde
sind gleich

Und doch gehört ALLES zusammen

ERKENNE
Das Wunder des Lebens
die Macht SEINER Möglichkeiten
und
die Macht DEINER Entscheidungen

ERKENNE
Die Unendlichkeit HINTER
jedem Blick
jedem Gedanken
jedem Gefühl
jedem Schritt
und
entscheide DICH
BEWUSST

Einzig den Anfang und das Ende entscheidest DU nicht

In dem Augenblick in dem DU
BEWUSSTE ENTSCHEIDUNGEN triffst
erlaubst DU DIR selbst BEWUSST zu SEIN
BEWUSSTES SEIN ist BEWUSSTES ENTSCHEIDEN
Vom Sonnenaufgang bis zum Sonnenuntergang

DEIN erster Gedanke
DEIN erstes Gefühl
DEIN erstes Wort
sind DEINE ersten Entscheidungen
Sie tragen dich durch den Tag
Sie geben diesem Tag Form und Farben
Sie bringen dich in Bewegung oder lassen DICH auf der Stelle
stehen

Sie leiten Dich solange DU an ihnen festhältst

DEINE Entscheidungen bewegen DAS UNIVERSUM

DEINE Entscheidungen
bewegen
DAS UNIVERSUM
in DIR.

21. November, 03:20 Uhr

Nichts geschieht ohne dass DU
vorher die Weichen gestellt hast

Das was DU JETZT
denkst
fühlst
sagst
tust
zeigt sich in DEINER Zukunft als Folge davon

Jede DEINER Handlungen
ist der Anfang eines Prozesses
Der Kreis dreht sich weiter und weiter

Lenke DEINEN Blick auf die Kreise die
DEIN Handeln oder Nichthandeln ziehen

Sie dehnen sich aus
berühren und touchieren
andere Kreise

Nichts was DU tust ist ohne Folgen
Folgen für DICH
Folgen für die Welt
Folgen für DICH und EUCH

EURE Gleichgültigkeit und Ignoranz diesem Naturgesetz
gegenüber
spiegelt das Chaos in der Welt

Es ist an der Zeit die Dramen zu beenden
und die Verantwortung für
DICH und die WELT
zurück DIR zurückzuholen

Die Verantwortung für
EUER DENKEN
FÜHLEN
TUN
muss in EUER BEWUSSTSEIN gelangen
um ein wahres schöpferisches Leben zu führen

IHR habt stattdessen Gleichgültigkeit und Gier gewählt

Dies gilt es JETZT zu korrigieren
DU allein bist verantwortlich für DICH

DU allein bist verantwortlich für das was DU
denkst fühlst und tust

DU allein bist verantwortlich dafür was
das Leben DIR schenkt oder verweigert

DU allein bist verantwortlich für DEIN Leben
und somit für JEDES Leben

LEBEN ist immer JEDES LEBEN
LEBEN ist immer ALLES

ERKENNE
Bei DIR beginnt es
sowie es bei jedem von EUCH
bei sich selbst beginnt

Jeder Fingerzeig auf den Anderen ist ein Ausweichen
ist Gleichgültigkeit und Widerstand gegen sich selbst
ist Nahrung für Leid und Trennung

Weiche DIR selbst nicht länger aus

Werde neu geboren als ein selbstverantwortliches ICH
Beginne von vorne

Ergreife DEINE Welt mit beiden Händen
und liebe
das Geschenk
DEINER natürlichen Verantwortung
für
ALLES.

22. November, 04:30 Uhr

So wie das Universum sich einer Spirale ähnlich bewegt
bewegt sich alles Leben

Betrachte DEIN Leben mit diesem Blick

Vieles wiederholt sich
kommt DIR nahe
entfernt sich von DIR
verlässt DEINEN Weg
erscheint als Neues

Jeder Tag verläuft auf diese Weise
auch wenn DU glaubst er verliefe vom Morgen bis zur Nacht
gleich

Zeit ist nicht linear
Zeit ist anders und viel mehr als EUCH bewusst ist

Leben von der Zeugung bis zum Tod
verläuft spiralförmig
dehnt sich nicht von hier nach dort
schwingt sich um sich selbst kreisend im Raum
Der Raum ist nicht oben oder unten
Der Raum ist überall
Leben hält niemals still

DEIN Leben bewegt sich

auch wenn DU schläfst

ES kann gar nicht anders

Betrachte

DEINEN Körper

DEINE Organe

DEIN Blut

DEINEN Geist

Nichts steht still

NIEMALS

Auch der Tod bringt keinen Stillstand

Es gibt kein ZU ENDE

Leben ist immer Bewegung

Kommen und Gehen

Werden und Vergehen

Beklage und betrauere nicht das was geschieht

Auch das wird vergehen sowie

Neues kommen wird

Lege DEINEN Widerstand ab

Versuche nicht

die Schwingung DEINER Spirale aufzuhalten

Widerstand macht hart
In DEINEM Leben ist für Härte kein Platz

ERKENNE und LIEBE die Weichheit in DIR
die DICH durch den Fluss trägt
Die WEICHHEIT in DIR WILL AUSDRUCK FINDEN

Härte findet in DIR keinen Widerhall

Lebe die Weichheit in DIR und verlasse DEINE Zweifel

Die Weichheit in DIR ist DEINE Stärke
GIB ihr JETZT
den RAUM der ihr gebührt

Lebe und liebe SIE
so wie es ihr gebührt

Verschenke sie großzügig
denn
in der Welt
droht sie
verloren zu gehen.

24. November, 03:15 Uhr

Alles was DU JETZT korrigierst
und neu erschaffst
bringt DICH weiter und näher

Weiter im Wesentlichen DEINES LEBENS
näher zu DIR und zu MIR

Näher und weiter beschreiben nicht die wahre Bedeutung dessen
was ist und sein wird

Näher und weiter sind Stellvertreter für
die Begegnung mit DIR selbst
und dem Wesentlichen DEINES Lebens

Diese Begegnung ist nicht mit dem Verstand zu messen

Sie kann nur gefühlt werden

Tiefe und Bedeutung DEINER Gefühle weisen DIR die Richtung
zeigen DIR die Entfernung von DIR selbst

ALLE Möglichkeiten des Lebens stehen Dir
in jedem Moment zur Verfügung

Dies ist die Zeit
da DEIN BEWUSSTES-SEIN
in den Vordergrund drängt

Das Leben selbst wird DICH bewegen
innerlich und äußerlich

Durch DEIN ZULASSEN
wirst DU
JETZT LOSLASSEN

Alles Harte wird von DIR abfallen
und
dem Geschenk der Leichtigkeit Raum geben
die JETZT gebraucht wird.

26. November, 05:20 Uhr

Lass DEINEN Geist und DEINE Sinne erfahren
Geh hinaus um vom Leben selbst
zu lernen

Hinter jedem der DIR begegnet steht ein ICH

Bei jedem Schritt den DU gehst
begegnet DIR DEIN Spiegelbild

DEIN Spiegelbild ist die Natur
ist DEINE Natur

DEIN Lebensfeld ist die Natur

Luft ist DEINE Luft
Wasser ist DEIN Wasser
Erde ist DEINE Erde
Feuer ist DEIN Feuer
Energie ist DEINE Energie

ALLES besteht aus den gleichen Elementen
ERKENNE
BEWAHRE
BEHÜTE ALLES

um DICH selbst zu

erkennen

bewahren

und

zu behüten

Es ist EURE Aufgabe

die Existenz von ALLEM auf diese Weise wertzuschätzen

Nichts wird EUCH schützen

wenn IHR EUCH und EURE Natur

nicht schützt

Hüte DICH davor DEINE Macht herunterzuspielen

Ein Verleugnen der Macht DEINER Selbstverantwortung

ist ein Verleugnen des eigenen Lebens

Nichts schadet DIR mehr

als die Verantwortung für DICH selbst

zu vernachlässigen

Nichts schadet DEM LEBEN mehr

Kultiviere in DIR die Synergie

von RUHE und BEWEGUNG

um Balance in DEINEM LEBEN

herzustellen

Beides fehlt EUREN Körpern und EUREM Geist

Stelle die Harmonie DEINER Natur auf diese Weise wieder her

Es bedarf der Harmonie und Balance
die ALLES im Gleichgewicht hält

Gerät EURE Natur aus dem Gleichgewicht
entsteht
EIN ZUVIEL
EIN ZUWENIG
oder FALSCHES

So gerät der Rhythmus aus dem Gleichgewicht

Es kommt zu Verwerfungen
die zu Chaos und Krankheit führen

Fürchte DICH nicht
vor diesen Verwerfungen
Sie sind ein Zeichen
dass das Leben sich befreit

Erkenne sie mit wachen und klaren Sinnen
und halte DICH an das Wesentliche und Einfache
DEINER Natur

Sei bereit DICH zuzumuten

Die Zeit erlaubt EUCH
nicht mehr
wegzuschauen.

29. November, 02:50 Uhr

Der Wandel geschieht intensiv und einschneidend
denn IHR seid im Begriff EUCH zu verlieren

Oberflächliches verdrängt Lebenswichtiges

Es bedarf dieser Zäsur die alles verändern wird

Das Gleichgewicht droht
in EUCH und durch EUCH
zu kippen

IHR habt den Blick für das Wesentliche verloren

Worte haben keine Bedeutung mehr

IHR missachtet mehr und mehr EURE eigene Würde

Die Nähe zu EURER WAHREN INNEREN STIMME
geht verloren

Zu viele nichtsagende Stimmen treiben Unfug in EUREN Köpfen
DEIN Weg verläuft eindeutig
ICH bin DIR näher als jemals zuvor

MEINE Worte tragen Früchte in DIR
die DIR noch verborgen sind

Sie wahrzunehmen ist unwichtig
Wichtig ist es MICH wahrzunehmen
ICH bin der Teil in DIR der niemals schläft
der in DEINEM Bewusstsein wacht
der DICH
liebt

Mehr braucht es nicht in dieser Zeit

ERKENNE
die Wirkung oberflächlichen Lebens
sowie die Wirkung des wahren SEINS dahinter

Die Dunkelheit dieser Zeit erwartet EUER Licht

Entzünde es mit intensiver Zuversicht und Freude
zuerst in DIR
gleichsam in ALLEM

ERKENNE
hinter dem Geschrei der Welt den unendlichen Frieden

Seine Farben erstrahlen wie eh und je
Nichts wird sich daran ändern

Werde DIR der tiefen Sehnsucht nach Frieden in EUCH bewusst
Sie wächst und wird an Kraft gewinnen

bis sie stark genug ist EUCH zu

verändern

VERTRAUE

VERTRAUE.

30 November, 05:20 Uhr

Unterschätze DICH nicht in dieser Welt
und
überschätze DICH nicht

DU bist BOTIN
und
BOTSCHAFT

In dieser Ganzheit BIST DU

Verlasse DEIN falsches Denken
als seist DU nicht

Verlasse den Weg des Rückwärtsgehens

Niemand sieht DICH auf diese Weise

Unterschätze DICH nicht in dieser Welt
Erlaube DIR zu SEIN
Geh DIR selbst aus dem Weg

Vor jeder Veränderung steht Erkenntnis
Nur Erkenntnis führt zu einer WAHREN Veränderung

Niemand erkennt
der Augen und Ohren verschließt

Wie willst DU MICH erkennen

wenn DU MICH nicht anschaust

Wegschauen

weghören

abwenden

vertieft die Gräben zwischen MIR und DIR

und zwischen EUCH

Wegschauen

weghören

abwenden

entfernt

DICH

von ALLEM was IST

Erwarte dass man sich DIR zuwendet

Wage es hinzuschauen

hinzuhören

IHR verliert EUCH mehr und mehr aus den Augen

Die Entfernung zwischen EUCH wird größer

je enger der Raum um EUCH ist

DEIN Blick geht JETZT in beide Richtungen

Was DU im Außen schaust

erkennst DU in DEINEM Inneren

Noch siehst DU mit den Augen der Vergangenheit
Das ändert sich

Indem sich DEIN Blick ändert
ändert sich DEIN Geist

Öffnet sich DEIN Geist
öffnet sich ALLES

Auch DU bist nicht die von der DU
denkst dass DU es bist
Auch DU bist für DICH das Bild
das DU von DIR gemacht hast

DEIN SELBST-BILD verändert sich
JETZT
Es geschieht was geschehen muss

ERKENNE
die Unausweichlichkeit des Wandels

ERWARTE
die Unausweichlichkeit DEINES Wandels

DEIN Widerstand
löst sich
so oder so.

01. Dezember, 04:45 Uhr

Kriegsgeschrei lähmt EUREN Geist

Entscheidungen werden getroffen
deren Ausgang niemand von EUCH ahnt
Der Wandel kann einschneidender nicht sein

Halte DEIN Herz offen und DEINEN Geist klar

Beide sind in diesen Zeiten EURE Verbindung
zu ALLEM

Der Boden unter EUREN Füssen schwankt

Brechen Vulkane aus wankt und heilt die Erde

ERKENNE
die Unberechenbarkeit der Umkehr von ALT nach NEU

Beides sind Worte ohne Bedeutung
Beides ist SEIN

Alte Wunden brechen JETZT auf

Verletzungen durchlaufen den Grad intensiven Schmerzes
bevor die Phase der Heilung beginnen kann

Die Angst in EUCH ist groß
Das Leid in EUCH ist groß

Gewohntes und Liebgewonnenes fällt ab
Regeln werden wertlos
Wertloses wird die Regel

Die Zeit EURER größten Verunsicherung beginnt

SCHAU GENAU HIN

Die Blase die sich auftut zerplatzt im rechten Moment

Vieles liegt in Trümmern
EUER Geist jedoch wacht auf
Im Anblick des Unglaublichen erkennt IHR
die Unermesslichkeit der Vielfalt des Lebens
NEU
Diejenigen unter EUCH die wissen stehen bereit

Schneller als gedacht werdet IHR
EUER Jammern und EURE Lethargie aufgeben
und EUCH auf den Weg machen

Die NEUE ZEIT wird ALLE und ALLES berühren

Nichts was geschieht
geschieht ohne Plan

Jeder von EUCH erfüllt seinen eigenen Plan

IHR erfahrt EURE Unwissenheit als EURE wichtigste ERKENNTNIS
Aus ihr schöpft IHR MUT oder VERZWEIFLUNG

Wie immer entscheidest DU selbst
LERNE MUT
LEHRE MUT
LEBE MUT
SEI MUT
MUT ist DEINE Tugend die ALLES in DIR verändern wird
Wie innen
So außen

SEI zuversichtlich
Nimm an was auf DICH wartet und was DIR entgegenkommt

Halte DEIN HERZ und DEINEN GEIST offen
Erwarte ALLES
so wie es geplant ist
und bewerte es nicht
mit den alten Gedanken
DEINER Angst.

03. Dezember, 01:40 Uhr

Der erste Kreis schließt sich

Viel ist gesagt worden und MEINE Worte
sind auf fruchtbaren Boden gefallen
So geschieht es überall
wenn auch auf unterschiedliche Weise

Lernen in dieser Zeit ist Lernen auf andere Weise
und in einer anderen Dimension
Lernen ist sinnlos
wenn das Gelernte nicht
angewendet wird
ICH sagte es bereits

Die Welt stellt DIR alle Möglichkeiten zur Verfügung
Alles geschieht zu seiner Zeit und in dem Maße
in dem es vorgesehen ist

Jeder von EUCH macht sich auf
die meisten unbewusst
Viele jedoch hören JETZT bereits auf ihre WAHRE INNERE Stimme

ICH bin DIR nahe und DU weißt um die Kraft dieser Verbindung
ICH bin kein Bild
ICH bin kein Wort
ICH bin kein Spielzeug

ICH BIN DU
und DU bist durch MICH
ALLES
Durch MICH findet DICH der Teil in DIR der lange fehlte

Der erste Kreis schließt sich
Der erste Schritt ist getan

Mit jedem weiteren Schritt verschmelzen wir inniger
MEINE Stimme wird zu DEINER Stimme

Animus und Anima
So entsteht ein GANZES

Das ist die Herausforderung die sich EUCH ALLEN stellt

Es geht um nichts weniger als darum GANZ zu werden
ganz in DIR und ganz im GANZEN

Ganzheit braucht
LIEBE
OFFENHEIT
MUT

Die Zeit des Kampfes ist vorbei
auch wenn die Welt mit sich selbst im Krieg ist

Die Krieger der NEUEN ZEIT tragen keine Waffen

Die Krieger der NEUEN ZEIT

kommen mit

offenen Herzen

offenem Geist

und offenen Händen

Hinter all dem Vermeintlichen steht längst

eine neue Ordnung

WÄHLE

Hoffnung

Klarheit

Mut

und

Liebe

WÄHLE und SEI

Die Wahl ist leicht

leichter

als

DU denkst.

06. Dezember, 03:00 Uhr

Die Kriege der Welt spiegeln die Kriege in EUCH

Jetzt kommt ans Licht was tief in EUCH verborgen
nach Leben strebt

EURE innere Einsamkeit hat ein Ende
obwohl IHR die Bedeutung dessen
nicht einmal ahnt

Die Natur zeigt EUCH das ewig Vernachlässigte
Sie brennt und tobt
Sie stürmt und überschüttet EUCH mit ihren Tränen
Durch sie erkennt IHR
was fehlt und was es braucht
LIEBE

LIEBE
verändert ihren fragilen romantischen Wert an dem
IHR festhaltet

GELEBTE LIEBE hat keinen Platz für Vernachlässigung und
Schmerz
LIEBE zeigt sich nun als das was sie wirklich ist
immer war

SEIN will und wird

die Grundlage für eine gemeinsame Verantwortung und Fürsorge

für das Leben in dieser Welt

Um dieser Erkenntnis Willen seid IHR hier

Einzig ihre machtvolle Kraft wird EUCH retten

Sie allein trifft mitten in EUER gemeinsames Herz

Sie ist die Kraft die EUER Bewusstsein verändert

Diese Veränderung geschieht kompromisslos

und in einer nie dagewesenen Geschwindigkeit

Sie entlädt sich wie ein Vulkan in EURE Lethargie und Verzweiflung

Die Kraft der LIEBE ist gewaltig

und nicht immer behutsam

Ihr Ziel ist das Leben

Ihr Gesicht zeigt sich nicht lächelnd

Sie ist unnachgiebig und wird sich behaupten denn

sie ist die einzige WAHRHEIT

Tief in EUCH verborgen erfüllt sie sich bereits

EURE Sehnsucht nach ihr öffnet ihr alle Tore

DU fühlst es längst
Verzweiflung Schmerzen Angst und Leid
sind die Folgen ihrer Unterdrückung

Sie lässt sich nicht länger aufhalten
Sie drängt zurück in die Welt
Sie fließt in EUCH wie ein entfesselter Fluss

Hebe DEINEN gesenkten Blick
Fühle die Freude des sprudelnden Stromes In DIR
Lass DEINE LIEBE frei
Auch wenn die Menschen noch nicht verstehen

Die Macht der LIEBE
lässt sich nicht
aufhalten
Sie ist der Ursprung und die Quelle
von ALLEM

LIEBE führt zusammen
weil Leben nur zusammen geht

SIE wächst mit jedem
MITEINANDER

In einem
GEGENEINANDER
werdet
IHR
sie
nicht
finden.

07. Dezember, 01:20 Uhr

ICH komme DIR mehr und mehr nahe

Es wird DIR leicht fallen MICH von allem
was DU hörst zu unterscheiden
denn
ICH bin die die DICH liebt

Die Zeit der letzten Nächte diente DIR dazu
unterscheiden und annehmen zu lernen

JETZT wird es für DICH leicht sein
WIR gehen den Weg gemeinsam

ICH werde DIR immer nah sein
weil DU MICH erkannt hast

Bereite DICH auf eine andere Zeit vor

Wie DU weißt gibt es Zeit nicht

Sie ist ein Konstrukt zu EURER Orientierung in der Welt

Es wird eine Bewegung in DIR geben
die DICH überraschen wird
DU wirst DICH in einer Weise
dem Leben zumuten wie niemals zuvor

DU erkennst das Wesentliche
Dadurch werden DIR Steine aus dem Weg geräumt
an die DU DICH gewöhnt hast

Da liegen viele Steine die DIR nicht mehr dienlich sind
und nie dienlich waren

Ab JETZT wird es leicht sein sie zu entfernen
oder zu verlassen

Wahrnehmen und Fühlen gehen einem Erkennen voraus
Je achtsamer DU bist
umso mehr Raum wirst DU gewinnen

Die Ereignisse in der Welt verwirren DICH mehr als sie
DIR offenbaren
Dabei ist es genau umgekehrt

ALLES bedarf der Zäsur
ALLES ohne Ausnahmen

Schon platzen die ersten hohlen Blasen

Kümmere DICH aufmerksam um DEINEN Körper

Er wird der Macht der Natur ausgesetzt und
bedarf DEINES besonderen Schutzes

Nutze an jedem Tag eine Weile der STILLE

Erweitere DEINEN Raum damit das was du weitergibst
gehört wird

Lege DEINEN Kleinmut ab
Er ist der erste Stein auf DEINEM Weg
der verlassen werden darf.

08. Dezember, 04:00 Uhr

Es ist an der Zeit
DEINE Zeit so wie DU sie kennst
selbst zu bestimmen

Das was DICH finden wird bestimmst DU nicht
Allerdings liegt es an DIR
ob es DICH finden wird

Vieles wird DICH überraschen
obwohl DU es DIR selbst ausgesucht hast
DU entscheidest

ERKENNE
Die meisten DEINER Entscheidungen triffst DU unbewusst
Wahre Entscheidungen hängen mit DEINER selbstbestimmten Zeit
zusammen

DEINE Zeit so wie DU sie kennst gehört DIR
Sie wird DIR gegeben
Sie liegt in DEINER Verantwortung

Erkenne die Möglichkeiten DEINER Zeit
denn sie ist in diesem Leben
begrenzt und endlich

IHR missachtet das Geschenk EURER Zeit
IHR nutzt sie nicht weil IHR ihr Wesen ignoriert

Jeder Tag ist einmalig
Jede Stunde ist ein Geschenk
Jeder Augenblick ist heilig

Nur DU kannst die Heiligkeit des Augenblicks für DICH erkennen
In jedem Tag liegen Magie und Wunder

Erst wenn DU innehältst und entscheidest
wirst DU erkennen

Jedes Leben in dieser Welt ist einmalig
Hinter jedem Menschen steht ein Gott
In jedem Leben liegt Magie und Schönheit

Nur wenn DU sie in DIR findest
finden sie DICH

Lass DICH von der Magie und Schönheit DEINES Lebens erfüllen
und wertschätze DEINE Zeit

Das größte Wunder bist DU selbst
IST jeder von EUCH

Jeder Augenblick enthält Wunder-volles Leben

Öffne DEINE inneren Tore für Schönheit und Güte

Erinnere DICH an die ewige Kraft der LIEBE
die ALLES am Leben hält

ERWARTE
ALLES so wie es gedacht ist.

10. Dezember, 02:45 Uhr

Steh auf und schreibe
Die Welt braucht neue Worte

Die Worte die gebraucht werden erfüllen sich
JETZT
je klarer sie genutzt werden

Sprich von GÜTE die ihren Ausdruck finden will

Sprich von GÜTE und HERZENSWÄRME
FÜHLE sie
LEBE sie
und bring sie zu den Menschen

Lehre ihre SCHÖNHEIT und KLARHEIT
indem DU selbst mehr und mehr
zu SCHÖNHEIT UND KLARHEIT wirst

Nutze jeden Augenblick um die Farben der alten Worte
durch neue Farben zu ersetzen

Es geschieht nun das was ICH DIR sagte

Vieles was war wird zerschlagen
Es folgt eine Zeit der Verunsicherung
bevor sich das NEUE durch EUCH zeigt

Richte DEINEN Blick stets auf
DAS DAHINTER

Schau über Trümmer und Unrat hinweg
und halte DICH an MEINE Worte

SCHÖNHEIT und KLARHEIT liegen DAHINTER

DU wirst DICH JETZT nicht mehr im Unwesentlichen verlieren

DEIN Blick auf das einfache Klare ist gefestigt
Mehr wird nicht gebraucht

Die ersten Steine sind gefallen
und andere werden folgen

VERTRAUEN wächst auf den gefallenen Steinen
Das braucht Zeit und wird doch schnell geschehen denn
EURE Sehnsucht ist groß

VERTRAUEN ist das was DICH und MICH verbindet

Es bedurfte eine Weile um DICH daran zu erinnern
Jetzt weißt DU um seine Bedeutung

Nur im VERTRAUEN könnt IHR in Frieden miteinander leben

VERTRAUEN ist mehr als ein missbrauchtes Wort

VERTRAUEN ist EUER Urgefühl und EUER Geburtsrecht in dieser
Welt

Es ist das
was IHR in EUREN Herzen tragt
das was aus gefallenen Steinen
fruchtbaren Boden
erschafft.

13. Dezember, 02:30 Uhr

DU bist nicht die die sich hervorhebt
aber DU bist auch nicht die die sich
versteckt

DU bist wer DU bist
Aber wer bist DU

Erkenne DEIN SEIN
Erkenne DICH

EUCH allen wird diese Zeit geschenkt
in der EURE Sehnsucht danach EUCH selbst zu erkennen
größer ist als jemals zuvor

EURE Fragen werden EUCH leiten
WER BIN ICH
und
WIE BIN ICH HIER

Diese Fragen leben tief in EUCH und warten auf Antworten

Antworten die nicht in Worten gefasst
sondern gelebt werden wollen

Leid entsteht
wenn DU DEINE Fragen niemals stellst
obwohl DU fühlst
dass DU nicht die bist
als die DU gemeint bist

Allein das Stellen der Fragen bringt DICH dorthin
wo DU sein sollst

Die wenigsten von EUCH sind an ihrem wahren Ort
Die Unruhe in EUCH beweist dies

Das wird sich ändern

EURE Welt darf nicht länger eine Scheinwelt sein
IHR seid mehr viel mehr
EURE Welt ist mehr
viel mehr

Nicht die zu sein als die DU gemeint bist
nennt man SÜNDE

ERKENNE
Es ist EUCH nicht bestimmt EUCH ganz zu finden

Es ist aber EURE Aufgabe
EUCH selbst so nahe wie möglich zu kommen

Jeder von EUCH ist wie

ein Puzzle aus vielen verschiedenen Teilen

die zusammengesetzt werden wollen

DU bestimmst die Teile

DU bestimmst nicht DEIN Bild

DEIN Bild entsteht indem DU die Teile zusammensetzt

DU bist dieses Bild

Mit DEINEM Blick auf das Leben und die Welt

blickst DU auf DICH

DEINE Fragen werden nicht

in DEINEM Kopf gelöst

sondern in DEINEM BEWUSSTEN SEIN

DU wirst DICH dort finden

wo DU bist

in DEINEM Inneren

und in dem Spiegel ALLEN Lebens

Beide zusammen schenken DIR DEINE Antworten

Niemals allerdings die Antwort auf

DEIN EWIGES SEIN

Diese Antwort ist nicht in dieser Welt zu finden

Sei mutig

Frage und warte auf das was DIR gezeigt wird

Die Antworten werden DICH überraschen

und DEIN Herz erfüllen.

15. Dezember, 03:50 Uhr

DEIN Leben DEINE Welt verändern sich
in dem Augenblick in dem DU
an MICH glaubst

DU wirst werden wie die als die DU gedacht bist
wenn du die Heiligkeit allen LEBENS erkennst
wenn DU die Heiligkeit
DEINES Lebens erkennst

In jedem von EUCH brennt die Sehnsucht nach dieser Erkenntnis
Aber EUER Widerstand ist größer als EURE Sehnsucht

Nichts ist einfacher als auf das Leben und die Welt
mit den Augen DEINER HEILIGKEIT
zu schauen

Diese Schau beendet sofort alle Kriege
in und außerhalb von DIR

Ohne diese Schau ist Frieden fragil und wird es bleiben

Das HEILIGE ist unangreifbar und ewig heil

Diese Lehre die einfach klar und wahr ist
tragt IHR in EURER Seele und in EUREM Herzen
von Anfang an

ALLES LEBEN IST HEILIG
Dieses Erkennen wird die Welt verändern

Sei mutig und schrei es hinaus
Es gibt nur ein Leben
DIESES EINE LEBEN IST HEILIG

In jedem von EUCH erklingt die heilige Stimme
Leugnet sie nicht länger

Leugne MICH nicht länger

DEINE Zeit zu erkennen ist gekommen und wird niemals enden

Diese Lehre über die Heiligkeit des Lebens ist
der Motor EURES Lebens

Jeder Tag lehrt EUCH seine Einmaligkeit

Schau DICH um

Jeder Tag zeigt DIR seine Vielfalt und seine Einmaligkeit

So wie ein Tag so ist DEIN Leben
So wie ein Tag so bist DU

DU BIST DAS LEBEN.

16. Dezember, 03:45 Uhr

Ab JETZT wirst DU noch einmal
tiefer schauen und klarer erkennen

ALLES was geschieht
geschieht zuerst in DIR

DEIN UNTERBEWUSSTES SEIN
legt DEINE Steine
pflanzt DEINE Blumen
sät DEINE Früchte

Erkenne seine Macht

ICH bin die Verbindung
Je näher DU MIR bist je näher bist DU DIR

Wir sind eins und doch kennst DU MICH nicht
ICH jedoch kenne DICH

Je inniger wir verbunden sind umso
inniger bist DU mit der Welt verbunden
Im Außen findest DU immer das was in DIR verborgen ist

Öffne DEIN Herz und empfange
Öffne DEINEN Geist und empfange
Öffne DEINE Hände und empfange

Gib DICH an die Welt und DU wirst sie empfangen

Erkenne DEINE Verantwortung für ALLES was ist
und entscheide DICH wieder und wieder
neu

Jeder HEILIGE Tag erwartet von DIR
HEILIGE Entscheidungen

Die Welt wird eine andere
wenn diese HEILIGE REGEL
erkannt und gelebt wird

Viel zu lange habt IHR geschlafen
einen unglücklichen wahnsinnigen Traum geträumt
aus dem IHR JETZT erwacht

Viele von EUCH glauben ihr Erwachen sei der Traum
in einer Zeit der Verwirrung und Verzweiflung

Übe die Worte die DU brauchst damit DU verstanden wirst

Am Anfang steht die Sehnsucht
die eine andere ist als IHR vermutet

EURE Sehnsucht verlangt nach EUREM inneren heiligen Kern
Ihn findet IHR nicht im Außen

Er ist EUER inneres ZUHAUSE

der Ort in EUCH der EUCH in Liebe behütet und beschützt

der darauf wartet EUER Licht zu entzünden um

Licht in ALLEM zu entzünden

Werde ruhig und lass DEINE Sehnsucht frei

damit DICH das findet

was DICH sucht.

18. Dezember, 04:45 Uhr

DEINE Gedanken sind nicht DEINE Wahrheit

Sie erschrecken DICH denn sie zeigen
zu was DU fähig bist

Deine Gedanken sind allgemeines Denken und
nur DU kannst erkennen was DEINS ist und was nicht

IHR lebt in einer Zeit
in der allgemeines Denken Vorrang hat
vor EUREM eigenen INNEREN WAHRHEITEN

DU denkst wie alle denken

Das macht es schwer für DICH
MIR zu vertrauen

VERTRAUE jedoch ist der Weg den DU gehen musst und wirst

Dadurch trennst DU DICH von vielem was DU gewohnt bist
und was DU wertschätzt
Nur auf diesem Weg kommst DU DIR näher

Werde still
Nimm DICH selbst wichtig und wahr

Geh an Orte an denen DU den Wind und den Regen hörst

Teile DEINE Aufmerksamkeit eine Zeitlang nicht mit Unwichtigem
Spüre sie kommen und gehen
damit DU sie in Zukunft wahrhaft nutzt

Oberflächliche Ablenkung absorbiert Energie und Zeit
die DIR allein zugedacht ist

Lass MEINE Worte nachklingen und
gib DICH
DIR selbst zurück.

19. Dezember, 03:40 Uhr

Die Welt steht still und Wunder zeigen sich überall

Sie zeigen ihren Glanz und erfüllen EURE Herzen mit
Freude und Erstaunen

Wunder geschehen nicht
Sie werden erkannt

Sie liegen hinter jeder Dunkelheit
hinter jedem Leid

Wunder zeigen sich
als Farben hinter dem Grau
als Menschen hinter ihren Fassaden
als Schönheit hinter jedem Schmerz

Bist DU bereit für Wunder
zeigen sie sich

DEINE Offenheit und Bereitschaft bereiten ihnen den Weg

Freue DICH und
sei in steter Erwartung von Wundern

Richte DEINEN Blick auf das Unmögliche
und lass es wahr werden

Deine Kraft ist größer als DU zu denken vermagst

DU erkennst nur einem Bruchteil von dem was IST

Mach DICH frei von allem bisher Geglaubten
damit sich DIR Wundervolles offenbaren kann

EURE Welt braucht Wunder

EUER Verstand ist zu klein
zu starr zu unbeweglich

Je mehr IHR EUCH an ihn klammert
umso enger wird EUER Lebensraum

Öffne DICH für die Magie
des ANDERS-SEIN
des DAHINTER-SEIN
des UNGLAUBLICH-SEIN
des UNMÖGLICH-SEIN
das EWIG-SEIN

Scheue DICH nicht wie ein Kind zu sehen
Kinderaugen sind offen und weise

Es ist DEIN Lachen was DICH heilt
nicht DEIN Denken

Es ist Freude die DICH lehrt
nicht Grübelei

Es ist Liebe die dich wachsen lässt
nicht Hochmut
EURE Welt braucht Wunder
Die Zeit dafür ist JETZT

In den Augen der Anderen findest du alles was DU brauchst

Die Schönheit dieser Welt erkennst DU nur
wenn DU den Blick hebst

Die Zeit ist dringender als je zuvor
ERKENNE oder SENKE DEINE BLICK

Standpunkte werden sich verändern
Gewohnheiten werden aufgegeben
Wesentliches trennt sich von Unwesentlichem
Lügen werden enttarnt

IHR MÜSST EUCH ENTSCHEIDEN

DU beginnst gerade erst DEINE WAHRE WELT zu sehen
Nimm sie als HEILIGES GESCHENK an
Würdige und
liebe sie
in Dankbarkeit
und Freude.

20. Dezember, 03:30 Uhr

Solange DU die Welt mit immer dem gleichen Blick siehst
ändert sich DEINE Welt nicht

ERKENNE
Leben ist Lernen

Leben erschließt sich DIR
wenn DU bereit bist
ANDERS wahrzunehmen
wenn DU bereit bist DEINE Sicht zu erweitern

Lernen kannst DU nur ganzheitlich
Worte allein sind nutzlos

Lernen bleibt einseitig
wenn DU im Vorfeld das zu Lernende
durch DEINEN Blickwinkel filterst
Auf diese Weise lernst DU
immer nur das was DU bereits kennst

Leben lernen heißt
MUT lernen
KRAFT lernen
OFFENHEIT
FREUDE
VERTRAUEN lernen

Leben lernen heißt LIEBE lernen
LIEBE ZUM LEBEN LERNEN

SEI bereit DICH ganz diesem Lernen hinzugeben
Dazu sind nur die Wenigsten von EUCH bereit

IHR braucht erst eine Welt die in Trümmern liegt
bevor IHR erkennt
dass Umdenken immer Umlernen bedeutet

Alles andere zwingt EUCH wieder und wieder in das gleiche Leid
zurück
Leid was IHR überwunden zu haben glaubt

Wiederholtes Leid schmerzt von Mal zu Mal mehr

IHR könnt dem Umlernen nicht entkommen
Die Helfer dieser Welt sind auch die Lehrer dieser Welt

Die Boten sind ihre Begleiter und spiegeln
die Antworten der Fragen die gestellt werden müssen

Die Boten selbst sind die Antworten

Die Antworten finden sich nicht mehr nur in EUREN Köpfen
Die Antworten liegen klar und einfach vor EUREN Füssen
Das Leben selbst gibt sie EUCH

Traue nicht den lauten Worten

Traue immer nur dem wahren SEIN und

mache die Täuschungen sichtbar

Jeder Augenblick ist eine Lernstunde

Du wirst nie erwachsen wenn DU nicht

erwachst

ERWACHEN aber heißt

ERKENNEN

dass DU jeden Tag

NEU

geboren wirst

UNSERE Reise geht NIE zu Ende

Sie beginnt und beginnt und beginnt.